미래 세대를 위한

채식과
동물권
이야기

미래 세대를 위한

채식과
동물권
이야기

"나는 오늘 지구와 약속했다"

글 이유미 | 그림 장고딕

철수와영희

건강하고 행복한 지구는
우리의 노력으로 태어납니다

'오늘'이 기적처럼 느껴집니다. 지구에서 일어나는 일들을 생각하면 멀쩡히 살아가는 것이 믿기지 않을 정도입니다. 지구는 태양계에서 가장 아름답지만, 지금 가장 혹독한 시간을 보내는 별이기도 합니다.

'기후 우울증'이라는 말이 있어요. 기후 위기로 우리의 미래가 암담하기 때문에 절망감을 느낀다는 뜻입니다. 미래를 위한 노력이 모두 무의미하게 느껴져서 아무 의욕도 나지 않는 상태입니다. 세계 보건 기구WHO에서도 기후 위기는 세계인의 정신 건강에 심각한 위협이 된다고 말했습니다. 이 정도면 건강에 해로우니 멀리하는 게 답이라는 생각도 들지요.

그러나 기후 위기는 우리가 멀리한다고 마냥 멀리 있어 주지 않습니다. 그럴수록 더 가까이 옵니다. 우리 잘못은 하나도 없는데 그냥 벌어지는 일처럼 여기다가는 더 악화됩니다. 지금 우리에게 필요한 것은 이 상황을 극복하고자 하는 자세예요.

거기에서 가능성이 생깁니다. 가능성을 보는 눈은 더욱 적극적인 자세를 만듭니다. 해결 방법을 찾으려면 상황 판단을 제대로 하는 것부터 우선해야 합니다. 이 책은 그런 이야기를 다루고 있어요. 그리고 총 세 개의 큰 이야기로 구성되었습니다.

제1부에서는 지구의 과거 모습을 떠올려 봅니다. 우리가 기억도 하지 못하는 먼 옛날이지만, 지구가 어떤 변화들을 겪으며 여기까지 왔는지 파노라마처럼 그려집니다. 그때도 지구는 무척 힘든 일을 겪었어요. 그런데도 바로 우리 같은 생명체의 탄생이 있었어요. 푸른 별이 되고 생명의 지구가 시작된 것은 여러 우연 같은 기적들이 연달아 일어났기 때문입니다.

제2부에서는 본격적으로 지구의 현실을 알아봅니다. 지금 지구는 인류 때문에 극심한 변화를 겪고 있어요. 어떤 현상들이 나타나는지 지구 곳곳을 둘러봅니다. 인류는 지구의 다른 존재와 뗄 수 없는 관계입니다. 지구가 생명의 행성이 된 데에는 그만한 이유가 있을 거예요. 그런데도 다른 생명을 일방적으로 착취하고 있습니다. 우리의 현실을 거울 삼아, 생명과 생명의 관계가 얼마나 중요한지 깨달아가는 시간이길 바랍니다.

제3부에서는 지구의 미래를 이야기합니다. 하루하루가 1년을 만들듯이 오늘을 바꾸면 미래는 달라집니다. 사실 우리가 가야 할 길은 제2부에서 모두 이야기하고 있어요. 다만 우리

미래 세대를 위한 채식과 동물권 이야기

가 일상에서 실천할 수 있는 일들이 무엇인지 좀 더 구체적으로 알아보려고 합니다. 지구를 움직이는 힘은 거대한 정치 권력에만 있지 않습니다. 저는 그 힘이 우리에게 있다고 보는 사람이에요.

건강한 육체에 건강한 정신이 깃들듯이, 행복한 지구에 행복한 생명체가 살아갈 수 있습니다. 건강하고 행복한 지구는 우리의 노력으로 태어납니다. 우리의 힘을 가볍게 여기지 말았으면 해요. 이 책을 통해 우리 모두의 가슴에 꼭 새겼으면 합니다. 오늘 우리는 지구와 꼭꼭 약속하기로 해요.

이유미 드림

차례

제1부
과거, 생명의 지구

1 지구의 탄생

    인간의 힘이 아무리 위대해도 자연 현상 앞에서는 속수무책입니다. 우리가 흔히 자연재해라고 부르는 현상들은 지구상에서 가장 강력한 힘입니다. 화산 활동, 지진, 해일, 태풍, 폭우 등이죠. 우리에게는 재난과 같지만 자연 현상일 뿐이에요. 자연 현상은 끊임없이 지구를 재구성합니다. 이런 활동이 없었다면 지구에는 인류를 포함한 어떤 생명체도 생겨날 수 없었을 거예요.

    지금 이 순간에도 지구의 가장 깊은 곳에는 열 덩어리가 출렁이고 있습니다. 이 열 덩어리는 끊임없이 흐르고 뒤섞이고 다시 뭉치면서 지구 표면의 땅을 이동시키거나 충돌시켜 대륙이나 거대한 산맥을 만들었습니다. 땅속 깊은 곳에 있던 불덩어리가 지표면까지 올라와 터지면서 화산이 되었습니다. 무서운 작용으로 보이지만, 화산은 지구에 생명이 싹틀 수 있는 환경을 만들어 주었습니다. 화산이 생명의 환경을 만들었다

미래 세대를 위한 채식과 동물권 이야기

고 하니 좀 의아하죠?

　지구 열 덩어리의 시작은 약 45억 년 전으로 거슬러 올라갑니다. 지구가 탄생한 시점입니다. 그때만 해도 지구는 태양을 도는 여러 바윗덩어리 중 하나에 지나지 않았어요. 태양계 행성들에 끼지도 못할 수준이었습니다. 당시 지구와 같은 바윗덩어리들은 쉬지 않고 돌면서 부딪치고 깨지는 일이 아주 많았습니다.

　인류가 불을 발견하던 때를 상상해 볼까요? 돌조각들을 마찰시키자 반짝하고 빛이 생겼습니다. 만져 보니 돌은 뜨거웠죠. 신기합니다. 혹시 몰라 마른 나뭇잎을 두고 더 열심히 돌조각을 비볐습니다. 그러자 불이 탄생했습니다. 놀라운 순간입니다. 인간은 우연히 불을 발견했지만, 이는 다른 생명과 큰 차별성을 만들어 냈습니다. 자연에 적응하고 살아야 할 생명체가 자연을 거스르고 이용할 수 있게 되었어요. 불을 피워 겨울에도 따뜻하게 지낼 수 있게 되었죠. 게다가 음식도 불로 조리할 수 있게 되어 다양한 음식 문화까지 발전시켰습니다. 인류의 문명은 불로 시작했다 해도 과언이 아닐 거예요.

　그런데 돌조각보다 훨씬 큰 바윗덩어리가 굉장히 빠른 속도로 회전한다면 얼마나 더 큰 에너지가 생겨나겠어요? 부딪치며 생기는 빛과 열은 어마어마합니다. 바위 자체를 불덩어리로 만들기에 충분했습니다. 충돌하며 더 큰 몸집으로 뭉치기도 했어요. 불덩어리는 점점 더 커졌습니다. 시간이 흐르자 표면은 식어가고 불은 중심부 안에 갇히게 되었어요. 중심부는 태양 표면 온도 못지않게 뜨거웠습니다. 오늘날까지 계속 안에서 끓고 있으며, 화산 분출의 원인이 되고 있습니다. 충돌로만 보이는 암석들의 에너지 작용이 지구를 탄생시켰고, 신생아에게 오랜 잠이 필요하듯 지구도 수억, 수십억 년을 잠만 자는 듯했습니다.

지구는 이제 막 태어난 약한 행성에 불과했습니다. 다행히 중심부에서 끓어오르는 화산 활동 덕분에 지구는 서서히 도약의 시기를 맞게 되었어요.

2 　바다, 생명을 잉태하다

　화산이 폭발하면서 분출된 가스들 중에는 수증기도 있었어요. 그 수증기는 하늘로 올라가 구름이 되었습니다. 여기서 우리가 잘 아는 자연 현상이 생겨납니다. 구름이 무거워지면 비를 뿌리게 되지요. 길고 긴 시간 동안 화산이 폭발했으니 수증기와 구름, 비 또한 오래도록 순환 작용을 했습니다. 지구 역사상 가장 긴 폭우가 시작되었어요.

　땅에 비가 내리기 시작하자 개울과 강이 생겨났습니다. 빗물은 땅의 낮은 곳부터 채워가기 시작했어요. 최초의 바다가 탄생한 시점입니다. 비는 얼마나 오랫동안 내렸을까요? 무려 수십만 년 동안이나 계속되었어요. 우리는 지금 한철 내리는 장마에도 큰 피해를 보곤 하는데 그것과는 비교가 안 될 정도지요. 오랜 시간 폭우로 지구가 초토화되었을 것 같지만, 그렇지 않았어요. 우리의 바다는 그때 내린 비가 만들어 낸 걸작이랍니다. 낮은 땅은 물로 채워지고 높은 곳은 육지가 되어 갔어요. 마침내 지구의 4분의 3이 물로 채워졌습니다.

생명은 물에서 시작됩니다. 물이 없다면 생명이 없다는 뜻이 되지요. 물은 지구와 태양계의 다른 행성들을 구분하게 합니다. 물이 있다면 생명이 존재했거나 존재할 가능성이 있기 때문에 과학자들은 열심히 태양계의 다른 행성에서 물의 흔적을 찾으려고 애씁니다.

바다의 가장 큰 힘은 지구를 하나로 연결하는 것에 있습니다. 바닷물은 이리저리 아무렇게나 움직이는 게 아니고, 하나의 거대한 움직임으로 연결되어 있습니다. 바다의 물길은 지구의 전 바다와 연결되어 있을 만큼 복잡하게 흐릅니다. 이런 바다의 흐름을 해류라고 합니다. 해류는 물만 이동시키는 것이 아니라 바다의 영양분과 산소까지 전 세계로 운반합니다.

그뿐만 아니라 바다는 지구의 열도 함께 전달합니다. 태양에서 오는 열을 바다가 흡수하고 있지요. 적도 부근의 바닷물이 온도가 가장 높지만, 한곳에만 머물러 있지 않습니다. 바다의 거대한 흐름은 지구 전체를 휘젓고 있어서 지구 곳곳으로 열을 분산시킵니다. 만약 바다가 이 흐름을 멈추어 버린다면, 적도의 바닷물은 계속 뜨거워져서 마침내 펄펄 끓게 될지도 몰라요.

찬 공기는 밀도가 높고 무거워서 아래에 깔리고 더운 공기

미래 세대를 위한 채식과 동물권 이야기

는 위로 올라갑니다. 물 또한 마찬가지예요. 멀리 북부 바다의 차가운 물을 상상해 볼까요? 북극의 찬 바닷물은 바다 깊숙이 가라앉아 이동하다가 적도에 이르러서는 따뜻하게 데워집니다. 물이 따뜻해지면 다시 상승하게 되죠. 올라갔다 내려갔다 물은 서로 뒤섞입니다. 극지방의 차가운 물과 적도의 따뜻한 물이 없다면, 결국 지구 바다의 대순환도 끊기고 말 거예요. 바다가 고여만 있다면 지구의 4분의 3뿐만 아니라 나머지도 결국 황폐해지고 말겁니다. 차고 더운 성질의 에너지가 서로 조화롭게 이동하기 때문에 바다의 대순환이 일어나고 있지요. 바다가 이렇게 끊임없이 움직여 준 덕분에 산소와 영양분, 태양의 온기까지 지구 곳곳에 전달됩니다. 바다는 모든 생명체가 안정적으로 살아가게 해 주는 가장 큰 힘입니다.

바다가 이렇게 지구 곳곳에 생명력을 전달하는 동안, 화산 활동도 계속 활발했어요. 화산에서는 아주 많은 기체도 방출되었습니다. 이 기체들이 모여 지구를 둘러싸기 시작했지만, 요즘의 대기와는 완전히 달랐어요. 이산화탄소와 메탄, 황화수소 등의 범벅이었죠. 독성이 가득해서 생명이 살 수는 없었습니다.

물이 생명의 기원이라고 했지요. 당시 바다에는 유기체인 박테리아가 있었습니다. 비록 물 밖은 유독 가스 범벅이었지만, 박테리아는 태양에서 에너지를 얻었어요. 그러면서 물의 화학적 결합을 깨뜨렸습니다. 이 작용으로 어떤 물질이 방출되었어요. 바로 산소예요. 산소가 생겼다는 것은 본격적으로 생명이 시작될 가능성을 말해 줍니다. 지구의 판도가 완전히 바뀌기 시작하는 순간이었어요. 어쩌면 지구 역사상 가장 큰 변화라고 할 수 있을 거예요. 우리가 보기에 그저 박테리아일 뿐인 작은 생명체가 지구 전체에 이렇게 강한 영향을 미칠 수 있다는 사실도 중요합니다. 우리 지구에 산소가 풍부해지기 시작한 것은 25억 년 전부터입니다.

당시 바다에는 철이 풍부하게 녹아 있었는데, 산소 농도가 오르자 철을 산화시켰습니다. 산화된 철은 철광석층으로 변했어요. 오늘날 우리는 철광석을 캐내 자동차, 비행기, 선로와 숟가락까지 만들어 씁니다. 모두 산소 덕분입니다.

그런데 철을 모두 산화시키자 산소는 더 갈 곳이 없었습니다. 결국 바다를 떠나 대기를 채워가기 시작했어요. 산소는 지구에 보호막을 씌우기 시작했습니다. 저 높이 올라가 오존층을 만들었어요. 그 덕에 태양의 치명적인 자외선이 차단돼 지구에는 좀 더 복잡한 생명체가 번성하는 계기가 되었습니다.

지구의 화산 작용으로 비가 내리고 바다가 만들어지고 산소가 생겼습니다. 지금 이 순간 우리가 숨 쉬며 살 수 있는 것은 모두 산소 덕분이지요. 알고 보면 산소뿐만 아니라 수많은 작용이 한꺼번에 있어 줘야 가능한 일입니다.

가장 중요한 것은 늘 우리 곁에 있습니다. 물과 산소는 생명을 만들고 생명을 키웁니다. 너무나 당연하고 자연스러워서 우리는 종종 그 가치를 잊기도 합니다. 기적 같은 우연들이 연달아 발생해 준 덕분에 지금 우리가 사는 거예요. 이 모두가 지구의 노력이 아니었을까요? 생명체를 위해서 가장 아름다운 환경을 만들려는 지구의 노력 말이에요.

3 지구의 적절한 기후 변화

산소 덕분에 생명의 역사가 시작되었습니다. 그 와중에도 화산은 지속적으로 특별한 가스를 내뿜었습니다. 바로 이산화탄소예요. 요즘 세상에서는 기후 위기의 주범이기도 하지만 적절한 이산화탄소는 지구에 꼭 필요합니다. 열을 보호하는 역할을 하거든요. 화산에서 터져 올라온 열을 이산화탄소가 지구에 가둬 주었던 덕분에 우주에 열을 빼앗기지 않게 되었습니다. 7억년 전 얼음으로 뒤덮였던 지구에 반드시 필요한 작용이었죠.

이산화탄소가 얼마나 중요한지는 이웃 행성들을 통해 알 수 있습니다. 화성은 평균 기온이 약 영하 63도랍니다. 이산화탄소가 96퍼센트를 차지하지만 대기층은 지구의 1퍼센트 정도밖에 되지 않아 그 힘이 미미합니다. 반면 금성은 표면 온도가 450도나 됩니다. 태양과 가깝기도 하지만 금성의 대기 중 이산화탄소량은 지구보다 400배가 많아요. 과도한 이산화탄소

미래 세대를 위한 채식과 동물권 이야기

때문에 표면 온도가 계속 오르는 거예요. 이처럼 이산화탄소가 부족하거나 과했을 때 생명이 살 수 없는 땅으로 변해 버린다는 것은 화성과 금성만 봐도 잘 알 수 있습니다.

그러다 7,000만 년이 더 흘렀어요. 지금으로부터 약 6억 3,000만 년 전에는 지구의 대기에도 이산화탄소층이 충분히 두꺼워지게 되었습니다. 마침내 지구는 추위에서 풀려날 수 있게 되었어요. 그러자 얼음 지구가 녹으면서 기온이 요동쳤습니다. 지구 온도는 영하 50도에서 영상으로 바뀌었어요.

그러나 이때는 지금처럼 복잡한 생명체가 살지 않았던 때라 이런 극단적인 기후 변화가 인간이나 생물을 멸망시킬 일도 없었습니다. 기후 변화였던 것은 맞지만 약 7,000만 년 동안 이루어진 자연스러운 변화일 뿐이었어요. 덕분에 생명이 살 수 없는 땅에서 서서히 생명의 세상이 열리는 시대로 나아가게 되었습니다. 당시의 지구에는 너무도 적절한 기후 변화였습니다.

초기 박테리아부터 복합 생명체에 이르기까지, 따뜻해진 바다에서는 생명이 진화를 시작했습니다. 산소까지 풍부해진 대기 덕분에 지구는 빠른 성장이 가능했습니다. 다양한 생명을 잉태할 수 있었고, 이산화탄소를 포함한 온실가스가 열을 가둬 준 안전한 지구 환경 안에서 생명은 번식해 갈 수 있었습니다. 우리의 어머니 지구, 인류의 고향별이 된 것입니다.

단세포에서 다세포 생물체로 진화한 식물과 동물은 육지까지 뻗어갔습니다. 하늘도 장악했어요. 어류, 양서류, 파충류, 조류, 포유류와 식물들의 생명 활동은 이제 지구의 기온을 조절하는 데에 힘을 보탰습니다. 산소를 방출하고 이산화탄소를 흡수하고 반대로 산소를 마시고 이산화탄소를 내보내고, 지구의 식물과 동물은 누구 하나 덜 중요한 존재가 없었습니다. 지구의 품에서는 다른 생명에 의지하지 않고 살아갈 생명은 아무도 없게 되었어요. 지구 환경과 그 속에서 살아가는 인류까지 모든 생명체는 서로 긴밀한 관계를 맺게 되었습니다. 우리가 하나하나의 생명이듯이 생명의 집합은 또 다른 거대한 생명체로 거듭났어요.

　이렇듯 지구는 생명을 잉태하고, 지구에서 태어난 생명은 다시 지구가 건강하도록 기여한 것입니다. 자연의 순환 과정으로 생명체에 적당한 온도가 유지되어 왔기 때문에 지금 우리가 살아 있는 거예요. 결국, 생명이 살 수 없었던 지구는 자연재해로만 알았던 화산에서 시작해서 지구 생명체 역사에 큰 도약을 이루어 냈습니다.

미래 세대를 위한 채식과 동물권 이야기

4   다섯 차례의 대멸종

태양계의 다른 행성들은 너무 뜨겁거나 춥거나, 물이 없으니 생명의 역사는 요원하기만 합니다. 그에 비하면 기적의 땅 지구는 축복받은 행성임이 틀림없습니다.

지금부터 약 4억 4,500년 전, 3억 7,000만 년 전, 2억 5,200만 년 전, 2억 100만 년 전, 6,600만 년 전에 다섯 차례의 대멸종이 있었습니다. 화산 폭발과 운석 충돌이 가져온 불안정한 기후 변화가 원인이었어요. 이 때문에 생명체의 75~96퍼센트가 사라졌습니다. 기후 변화라도 다 같지는 않았습니다. 생명이 없는 땅과 생명의 땅에 미치는 영향력은 완전히 달랐습니다. 생명체에게는 삶 아니면 죽음을 뜻하게 되었으니까요.

기후 변화를 겪으며 무수한 생명이 나타나고 사라지기를 반복했습니다. 그 와중에 지구에는 막강한 생명 종種의 활약도 있었지요. 2억 3,000만 년 전, 공룡이 처음 나타난 것이 그 예입니다. 지구 전체가 거대한 파충류 공룡들의 세상이 되었어

요. 공룡이 살았을 때의 지구는 지금보다 기온이 더 높았는데, 덕분에 숲도 더 울창했을 거라고 봅니다. 공룡은 그야말로 두려울 것 없이 지구를 지배한 권력자로 살았을 거예요.

그렇게 2억 년 가까이 지구의 주인으로 살아가던 공룡도 결국은 멸종되었습니다. 우주에서 날아온 거대한 운석 때문이라는 학설이 가장 유력한 정설이라고 합니다. 지구가 처음 탄생할 때처럼 큰 충돌과 폭발이 일어났다면 지구는 어떻게 될까요? 지구 전체가 부서지지 않은 것은 다행일지 모르지만, 하늘에서는 불덩어리가 떨어지고 땅은 지진으로 흔들리고 바다에서는 어마어마한 해일이 일어 육지까지 초토화되었습니다. 대기는 순식간에 충돌 잔해와 먼지, 재로 뒤덮여 버렸습니다. 결국, 막강한 포식자 공룡도 순식간에 멸종하고 말았지요. 자연 앞에서는 어떤 존재도 영원한 왕이 될 수 없다는 것을 이야기해 줍니다. 공룡으로서는 슬픈 일이겠지만 새로운 장이 열리는 계기가 되었을 거예요.

진화는 무작정 번식하고 성장해가는 것만을 일컫지 않습니다. 어떤 예기치 않은 사건이 개입되기도 하고, 우연히 돌연변이가 생기기도 합니다. 열악한 환경에서는 생명 스스로가 맞추어 적응해 가기도 해요. 그 과정에서 도태되거나 사라지는 생명도 있을 수밖에 없지요. 바다에서 시작한 박테리아가 인류로까지 진화해 온 과정도 마찬가지예요.

  그러니 지구가 보기에는 재난이라고 할 만한 것들이 전혀 없습니다. 화산, 대륙의 이동, 수십만 년 동안의 폭우, 공룡의 탄생과 멸종은 우리 같은 작은 생명체에게는 위협이지만, 지구로서는 큰 진화의 계기였습니다.

미래 세대를 위한 채식과 동물권 이야기

5 동물들의 평화로운 삶

초기 지구의 모습이 극도로 단순했던 것처럼 인류의 과거도 비슷했습니다. 인간의 모습은 우리가 아는 야생 동물의 삶과 다르지 않았어요. 종일 산과 들을 다니며 음식을 구했습니다. 모든 생명은 태어나면서부터 먹고사는 문제에 봉착하지요. 인류는 점점 더 큰 집단을 이루고, 그 안에서 역할을 세분화했기 때문에 각자 다른 일에 몰두할 수 있습니다.

지구가 모든 생물종을 차별 없이 품어 준 덕분에, 인류 외에도 수많은 동물이 함께 살고 있습니다. 수렵과 채집 활동을 해야 했던 먼 옛날에는 어느 하나 우월하고 열등한 것 없이 함께 살아가는 방식이었어요. 생존에 필요한 만큼만 사냥하고, 배가 고프면 다시 산으로 바다로 먹이를 구하러 다녔습니다.

인류가 동물을 길들이기 시작한 것은 1만여 년 전 정착 생활을 하면서부터예요. 그것은 일종의 거래였던 셈입니다. '우리가 너희를 먹여 주고 지켜 줄 테니, 너희도 무언가를 달라'는 것이었어요. 그것은 노동력이기도 했고 고기와 가죽이기도 했습니다. 그때만 해도 땅에 사는 포유류의 99퍼센트가 야생 동물이었고 1퍼센트만이 인간과 가축이었습니다. 인간은 무수한 동물종을 구성하는 미미한 구성원일 뿐이었습니다.

고기가 흔하지 않았던 옛날에는 가축이 특별한 음식이 되어 주기도 했어요. 모두 귀하게 여기고 감사하게 먹었습니다. 수렵과 채집 생활은 인류가 농경 사회를 이루면서 끝났다고 여기는 게 보편적이지만, 지금도 자연에서 얻은 것들로 우리 삶을 이어간다는 점에서 수렵과 채집 생활을 하던 때와 크게 다르지 않습니다.

소나 돼지를 위한 헛간, 닭과 오리를 위한 공간이 모두 따로 있었지만, 모든 동물이 갇혀 지내지만은 않았습니다. 대부분은 종일 자유롭게 지내다가 해가 질 무렵이면 각자의 배정된 공간으로 들어가 안전한 밤을 보냈습니다. 돼지는 무엇이든 잘 먹기 때문에 사람들이 먹다 남긴 음식까지 깨끗이 처리했어요. 돼지 덕분에 음식물 쓰레기란 있을 수 없는 일이었지요. 사람들과 이렇게 집에서 같이 사는 동물 외에도 밖에 나가면 수많은 동물을 마주할 수 있었습니다.

사람들 또한 서로 나누는 것들이 늘 있었습니다. 그것은 특별한 생산과 소비 활동으로 얻은 것들이 아닌, 사시사철을 보

미래 세대를 위한 채식과 동물권 이야기

내며 자연과 일상에서 얻은 것들이었습니다. 유통 과정은 복잡하지 않았고 옆집, 옆 동네, 일가친척으로 엉켜 있는 시골 공동체에서 다 같이 잘 사는 방법이었어요.

　동물들의 삶 또한 이런 단순한 공동체 안에서 더불어 사는 생명이었습니다. 아주 먼 과거가 아닌 100년 전만 해도 인간과 동물의 거래는 대체로 평화롭게 유지되었습니다. 사람이 사는 곳에 다른 무수한 생명이 각각의 모습으로 존재한다는 것은 말 그대로 '자연自然'이었습니다. 그때의 자연은 곧 '평화平和'였습니다.

제 2부
현재, 지구의 현실

1장

지구 온난화

1   인간이 파괴한 동식물의 서식지

    지금까지 인류를 비롯한 무수한 생명체가 진화를 거듭할 수 있었던 이유는 무엇일까요? 그것은 안정적인 지구 환경에 있습니다. 적도나 극지방은 매우 덥거나 춥거나 극단적인 기후를 보이지만 생명은 각각의 환경에 적응하도록 태어났어요. 인류 또한 그들의 환경에 맞는 피부와 머리카락까지 유전자에 기록하며 진화했습니다.

    다른 동물종보다 인간의 뛰어난 점을 꼽을 때 '생각하는 능력'을 가장 우선합니다. 다른 동물도 사냥할 때는 무리를 지어 협조해서 효율성을 극대화하죠. 사자의 경우, 공동 작전으로 무리 일부는 먹잇감을 추적하고 나머지는 잠복하고 있다가 달려듭니다. 무작정 달려들어 포획하지 않는다는 점은 이들 또한 지능을 쓴다는 것을 말해 주죠. 그러나 인간은 먹고사는 문제뿐만 아니라, 생각의 영역을 끝없이 확장했습니다. 철학과 도덕, 우주와 신의 영역에까지 다다릅니다. 이런 생각의 힘은 먹고사는 문제를 더 쉽고 간편하게 해결할 수 있도록 해 주었어요.

지구가 유의미한 변화를 겪기에는 천년만년 정도로는 부족했지요. 현생 인류의 분류로 보는 호모 사피엔스의 역사가 20만 년 정도인데, 그동안에도 인류는 다른 생명체보다 더 특별하지는 않았습니다. 특히 과학적으로 분석하면 초기 생물에서 진화해 왔다는 공통점 외에 별다른 특이 사항은 없어요.

그런데도 인간은 생각하고, 언어로 소통할 수 있게 되면서 농업 혁명을 이룰 수 있게 되었습니다. 농업 혁명이 지금으로부터 약 1만 년 전이니까, 인류는 약 19만 년의 시간을 수렵과 채집 생활을 하며 야생에서 살았던 셈이에요. 인류사에 이렇다 할 문명이 시작된 역사는 1만 년밖에 안 된다는 것입니다.

현대인은 수렵 채집 활동 대신 다양한 영역에서 자신의 능력을 발휘합니다. 그 능력의 대가로 생존의 문제를 해결합니다. 만약 산과 들을 뛰어다니며 사냥만 해야 한다면 어떻게 하면 더 쉽게 더 많이 잡을 수 있을까 그쪽으로 머리를 쓰는 게 고작이었을 거예요.

그러나 인간은 더 멀리 이동하지 않고도 더 많은 작물을 얻어낼 수 있도록 직접 경작하는 방법을 택했어요. 더 많은 동물을 잡느라 힘들이지 않도록 동물을 가두어 기르기 시작했습니

미래 세대를 위한 채식과 동물권 이야기

다. 그것이 농업, 어업, 축산업 등 우리가 익히 알고 있는 현대 사회의 시스템입니다. 있는 그대로의 자연 안에서 음식을 얻는 방식이 아니므로 필요한 환경을 직접 만들어 갑니다. 이때 자연을 변형하거나 파괴하기도 합니다.

작은 공동체를 하나 떠올려 볼까요? 만약 마을 안에서 그때 그때 필요한 만큼을 수확하고 나누기만 했다면 큰 문제가 없을 거예요. 그러나 인간의 생각하는 능력은 진화를 거듭해 더 넓은 영역으로 확장하는 데에 이르렀습니다. 더 많이 생산하면, 남은 것들은 옆 마을에 팔 수 있겠다는 계산까지 하게 되었죠. 처음에는 물물 교환으로 이루어지던 것들이, 화폐가 생겨나면서 더 쉽게 부를 축적할 수 있게 되었습니다. 화폐는 잘 썩지도 않으니 두고두고 보관했다가 필요할 때 쓸 수도 있었습니다. 더 많은 부를 얻게 되면 평생 편한 삶을 누릴 수 있겠다는 계산에 이릅니다.

그리고 인류는 부에 집중하기 시작했습니다. 우리가 익히 알고 있는 산업화의 시대가 열린 시점입니다. 인류사의 가장 큰 변화는 산업화에서 시작했다고 볼 수 있는데, 이 역사는 고작 300년 전이에요.

인류는 지구에서 땅을 먼저 차지했습니다. 기름지고 넓은 땅을 갖는 것은 그만큼의 가능성을 열어 주니까요. 부족 사회에서도 암묵적인 영역들은 있었어요. 그것은 서로 과도한 욕심을 부리지 말자는 약속이었습니다. 생태계의 자연스러운 방식으로 먹고살 수 있으면 충분했지요. 애초에 땅이라는 것이 누구의 소유가 될 수 있을까요? 설령 공룡이라 하더라도 이 지구가 그들의 소유라고는 생각하지 않았을 거예요. 그들의 방식대로 이 세상을 살아갈 뿐이었죠. 하지만 인류는 달랐습니다. 국가가 생기면서 더 넓은 땅을 차지하기 위해 전쟁까지 불사합니다. 개인적으로는 산과 들을 소유하고 끊임없는 부의 축적으로 부자는 더욱 부자가 되며 빈부 격차가 더 크게 벌어졌어요.

이 과정에서 다른 동물들의 터전은 중요한 문제가 아니었습니다. 다른 생명들의 삶의 터전인 무성한 숲은 경작하기 좋은 평평한 땅으로 변해갔어요. 숲에 살던 동물들은 하루아침에 삶의 터전을 잃었습니다. 다른 곳으로 쫓겨나기만 했다면 그나마 나았을지도 모릅니다. 잔인하게 죽임을 당했어요. 멸종 되어가는 동물도 많아졌습니다. 인류가 이루고자 하는 위대한 산업화에 방해가 되기 때문이었을까요? 우리 인간도 먹고살기 위해서 사냥이 필요했던 때와는 달리, 먹고사는 목적이 아닌데도 동물을 해치기 시작했습니다. 자연 생태계에서는 오로지 인간만이 이런 행위를 정당화합니다.

먹고 먹히는 관계란, 이 생태계에서는 어쩔 수 없는 일입니다. 내가 살아간다는 것 자체가 다른 생명에게는 치명적일 수 있지요. 그러나 아무리 맹수인 사자라고 해도 배가 부르면 다른 생명을 죽이지 않아요. 눈앞에 사슴 무리가 지나가더라도 나무 그늘에 앉아 하품하며 쉽니다.

인간은 이제 수렵 활동을 취미로 즐깁니다. 취미라는 이름으로 육지 동물, 수중 생물의 생명을 빼앗기도 합니다. 먹지도 않을 사자와 호랑이를 총으로 쏘지요. 자신의 위용을 자랑하고 나면 죽은 사자와 호랑이는 박제나 거실의 장식이 됩니다.

지구에게는 모든 생명체가 다르지 않아요. 생물학적으로 본다면 돼지와 인간이 다를 이유가 없습니다. 오히려 지구 생태계에는 인간이야말로 '유해 동물'로 분류될 수 있지 않을까요? 농사짓는 땅을 헤집어 놓는다고 우리가 멧돼지와 고라니를 유해 동물로 부르듯이 말이에요. 비둘기가 도시 한복판에 똥을 싸 놓는다고 유해 조류라고도 하지요. 우리가 얼마나 동물을 편향된 관점으로 보고 이용해 왔는지 잘 알 수 있습니다.

최근 지구 생태계 조사 결과에 따르면 육지의 97퍼센트를 생태학적으로 더는 온전하지 않은 것으로 간주합니다. 사람 때문에 너무 많은 종이 사라졌거나 그 수가 줄었기 때문입니다. 인류가 산업화의 역사에서 얻은 것은 더 커진 욕심밖에 없었습니다. 인류는 이 세상을 지배한다고 믿었지만, 오히려 욕심에 지배당하고 말았어요. 우리가 성취했다고 여긴 것들이 과연 우리를 더 행복하게 해 주었을까요? 우리는 그렇게 믿었습니다.

인류가 욕심과 맞바꾸어야 했던 것들은 무엇일까요? 이 땅의 난폭한 주인처럼 행세한 것 때문에 다른 동식물과 평화로운 공존은 깨졌습니다. 동물들은 생명으로서의 최소한의 자유와 권리를 빼앗겼고, 자연의 생명력은 점차 그 빛을 잃어 갔습니다.

2 공장식 축산이 우리를 살렸을까?

　인류는 땅을 경작하고 가축을 길들이면서 보장된 삶을 누리게 되었습니다. 힘들게 산과 들을 뛰어다니며 고기와 열매를 얻던 시절에 비하면 인류는 더할 나위 없이 안정적인 삶을 누리게 되었죠. 여기에 만족했더라면 다음 세대에서 일어나는 문제는 없었을 거예요.

　그러나 농사일을 함께 해 주던 소가 더는 필요 없게 되었습니다. 기계가 농사를 대신하게 되었으니까요. 이제 소는 인간에게 고기와 우유만 내주면 되었어요. 돼지와 닭도 마찬가지입니다. 집에서 한두 마리 키우는 것으로는 고기를 배불리 먹을 수 없어요. 1일 1닭을 행복으로 아는 현대인에게는 더더욱 그럴 거예요. 더 많이 키워서 더 배부르게 살고 싶어졌습니다. 작은 공동체에서 이루어지던 인간과 동물의 평화로운 관계는 결국 깨지고 말았습니다.

　산업화로 교통이 발달하면서 세계는 덩치가 커진 하나의 공동체가 되었어요. 그러다 보니 동물을 사육할 넓은 땅이 필요했습니다. 많은 동물을 길러서 팔면 엄청난 이득을 볼 수 있게 되었습니다. 그렇다고 넓은 땅에 동물을 자유롭게 풀어놓고 기르지는 않습니다. 땅을 좀 더 효율적으로 쓰는 것이 더 많은 수익 창출에 보탬이 되니까요.

그래서 생각해 낸 게 공장식 축산 시설입니다. 넓은 들을 누벼야 할 소와 돼지, 닭들은 공장처럼 지어진 시멘트 철근 구조물 안으로 옮겨졌어요. 빼곡하게 줄을 맞추고 최대한 많은 동물을 사육합니다. 가장 적은 비용으로 달걀, 우유, 고기를 만들어 내야 하므로 한정된 공간에서 밀집 사육하는 방식입니다. 이 모든 과정이 기계화되어 있어서 공장식 축산이라고 부르는 거예요. 공장에서 반복적으로 기계가 찍어내는 똑같은 상품들을 떠올려 보세요. 공장식 축산 시설에 들어간 동물들은 공산품과 다를 바가 없습니다. 동물을 생명이 아닌 상품으로 취급한다는 점에서 농장이 아닌 공장에 빗댄 표현이에요. 햇볕과 바람이 통할 창을 내준다는 건, 고기가 될 동물에게는 사치스러운 일이에요. 어둑한 공장에서 태어난 것도 잠시, 얼마 지나지 않아 도살되어야 합니다.

공장식 축산은 20세기 중반에 시작되어 후반에 이르러서는 세계적인 추세가 되었습니다. 서구의 식단에서 주로 소비했던 축산물은 세계 인구가 늘면서 더 많이 생산되어야 했어요. 사람들은 공장식 축산 덕에 더 싸고 더 많은 고기를 섭취할 수 있게 되었습니다. 덕분에 고기가 귀했던 우리나라도 이제는 거의 매일 고기를 먹을 수 있게 되었습니다.

1만 년 전 땅에 살던 99퍼센트의 야생 동물은 6퍼센트로 줄어들었습니다. 반면 1퍼센트에 불과했던 인간과 가축은 94퍼센트를 차지하게 되었습니다. 완전히 뒤바뀐 수치입니다. 인류가 세상을 지배하고 인류가 원하는 동물만 많이 번식시켜 놓았습니다. 생물 다양성은 사라지고 오로지 인류만의 지구가 되었습니다.

동물의 삶이야 어떻든 우리가 배불리 먹고살 수 있으면 행복할까요? 우리의 대부분이 그렇게 여기기 때문에 공장식 축산 시설은 몸집이 더 커져만 가고 있습니다. 인류가 현재 고기로 소비하는 육지 동물과 양식 어류 등의 90퍼센트 이상이 공장식 축산으로 사육되고 있어요. 문제가 여기에서 끝난다면, 인류는 정말 뛰어난 지능으로 문명을 발전시키며 우리가 원하는 삶을 살고 있다고 말할 수 있을 것입니다.

우리나라에서도 크고 작은 공장식 축산이 지배적입니다. 산과 들에서 살던 동물들은 이제 산비탈을 깎아 지은 축사 속으로 들어가 살고 있어요. 마을의 들에서 풀을 뜯던 소는 이제 보이지 않아요. 집에서 한두 마리 키우던 소는 집단생활을 하게 되었습니다. 어두컴컴한 축사에서 다른 소들과 부대끼며 살아갑니다. 신선한 풀을 뜯을 수가 없어요. 풀을 먹고 천천히 되새김질하는 동물인데 유전자 조작 옥수수와 콩으로 만든 사료를 먹어야 합니다.

축산 시설은 심한 악취를 동반하기 때문에 대부분은 마을에서 떨어진 곳에 지어요. 이 문제가 해결되지 않아 주민 사이에 갈등이 빚어지기도 합니다. 축사가 새로 들어설 때는 주민 반대가 심해요.

자연 상태에서 먹고 배설하던 때라면 악취가 진동할 일이 없어요. 배설물은 말라서 자연스럽게 썩고 정화가 됩니다. 소의 배설물을 잘 말려 귀한 연료로 쓰기도 했습니다. 어느 것 하나 세상에 해가 되는 게 없었기 때문에 오히려 예전의 지구는 더 깨끗했습니다.

그러나 축사의 빼곡한 공간에서는 그런 순환이 이루어질 틈이 없습니다. 소들도 악취 속에 살아야 하고, 사람들도 고통을 호소합니다. 그럼에도 우리는 거기서 나온 고기를 맛있게 먹습니다.

미국의 경우만 보더라도 공장식 축산 시설에서 나오는 폐기물은 인간이 배출하는 양의 130배에 이릅니다. 세계 거의 모든 나라에서 공장식 축산업이 이루어지기 때문에 지구의 오염은 우리의 상상을 뛰어넘어요. 토양 오염, 대기 오염, 물 부족과 수질 오염, 지구 온난화를 일으키고 생물종의 다양성까지 위협하고 있는 상황입니다. 공장식 축산업은 동물에게만 잔인한 방식이 아니라 지구 전체에 영향을 끼치는 문제가 되고 있어요.

3 　　　식량 위기와 기후 난민

　산업화 시대가 열리면서 세상은 풍요로워지는 것 같았습니다. 온종일 달려도 겨우 토끼 한 마리 잡을까 말까 한 수렵 생활에서, 가만히 앉아 무한 리필로 고기를 구워 먹는 푸짐한 식사를 즐기게 되었으니까요. 현대인의 역할은 세분되었지만, 그럴수록 더욱 긴밀하게 연결될 수밖에 없습니다. 혼자서 농사짓고 물 길어오고 장작불 피워가며 밥해 먹고 산다면 모를까, 우리는 다른 무수한 사람의 역할에 서로 기대어 삽니다. 공장식 축산 시설이 눈앞에 없다고 해서 나의 문제가 아니라고 할 수 없습니다.

　공장식 축산 시설은 다른 돌이킬 수 없는 문제까지 드러내고 있습니다. 바로 전 세계의 식량 위기입니다. 공산품 찍어내듯 동물을 번식시키며 고기와 달걀, 우유를 얻을 수 있는데, 식량 위기라니요? 믿기지 않을 이야기입니다. 그런데 왜 이런 일이 벌어지게 되었을까요?

세계적으로 한 해에 도축되는 축산 시설의 동물 수는 700억 마리가 넘습니다. 세계 인구가 80억 정도이니, 열 배 가까운 많은 동물이 인간을 위해 죽습니다. 그러니 이 동물들이 먹어야 하는 사료의 양도 상상을 초월해요. 전 세계에서 생산되는 곡물의 50퍼센트 정도가 공장식 축산업에 소비되고 있습니다. 바꿔 말하면, 전 세계에서 생산되는 옥수수나 콩 등의 곡물을 축산 시설이 아닌 배고픈 나라의 사람들과 나눈다면 세계의 기아 문제가 한꺼번에 해결될 거라는 얘기지요. 방법을 알지만, 우리가 대규모 축산 시설에 의지하고 있는 이상 해결은 쉽지 않아 보입니다. 세상은 오히려 반대로 움직이고 있습니다. 배부른 사람은 더 배부르고, 배고픈 사람은 죽음의 문 앞에 서게 됩니다.

고기를 생산하는 데 필요한 에너지는 곡물뿐만이 아니에요. 소고기 1킬로그램을 얻으려면 1리터 생수 1만 5천 개가 필요해요. 반면 토마토 1킬로그램은 180개의 생수만 있으면 되지요. 축산업에 쓰이는 물의 양도 엄청나다는 것을 알 수 있습니다.

유엔 사막화 방지 협약UNCCD은 2040년까지 어린이 4명 중 1명이 물 부족에 시달리게 될 것이라는 보고서를 발표했어요. 보고서에 따르면 2022년 기준 이미 전 세계 어린이 1억 6천만

미래 세대를 위한 채식과 동물권 이야기

명이 심각한 가뭄에 노출돼 있다고 합니다. 2050년 무렵이면 세계 인구 4분의 3 이상이 가뭄의 직접적 영향을 받고, 이 영향으로 전 세계의 수억 명이 '기후 난민'이 될 것으로 예측하기도 했지요. 우리나라의 곡창 지역인 남부 지방에서는 가뭄으로 농업의 미래는 끝났다는 얘기까지 나옵니다.

기후 난민이란 기후 변화와 환경 파괴로 삶의 터전을 떠나야 하는 사람들을 일컬어요. 우리나라에도 매년 장마와 폭설 등은 있지요. 치명적인 경우에는 살던 곳이 쑥대밭이 되어 버립니다. 기후 난민은 장마와 폭설 정도만 겪는 사람들이 아니에요. 기후가 불안정하므로 도미노처럼 일어나는 수많은 자연재해 때문에 생존의 문제가 걸린 경우를 일컬어요. 결국, 살던 땅에서 버티지 못하고 다른 곳으로 떠나야 합니다. 초기 지구에 있었던 자연재해는 지구에 생명력을 불어넣었던 운동이었지요. 그러나 무수한 생명체가 함께 살아가는 지금의 자연재해는, 생명체를 위협하는 재난 그 이상입니다.

공장식 축산 시설이 우리를 배부르게 했어도 사람들은 더 값싸고 많은 고기를 원합니다. 따라서 더 규모가 크고 현대화된 축산 시설을 지어야 했어요. 우리나라는 산이 많아 이 시설들은 대부분 마을에서 조금 떨어진 산 아래를 깎아 짓습니다. 꿩이 날고 산토끼가 뛰어놀던 평화로운 산마을에, 소의 울음과 배설물 악취가 퍼지는 축사가 들어서고 있습니다.

다른 나라는 우리와 비교가 안 될 정도로 규모가 큽니다. 지구에서 바다가 4분의 3을 차지하고 있기 때문에 나머지 4분의 1의 땅에서 이 문제를 해결해야 합니다. 없는 땅을 어떻게든 구하려고 큰 숲을 밀어 버리는 방식을 택합니다. 우리나라 마을 앞산 정도로는 어림도 없어요. 지구의 가장 큰 숲, 아마존 열대 밀림을 밀어내고 있습니다.

숲은 다양한 생물이 서로에게 의지해 살아가는 지구의 축소판입니다. 아마존의 식물들은 이산화탄소를 흡수하고 지구 산소의 20퍼센트를 만들어 냅니다. 산소와 이산화탄소의 균형은 지구상의 생명체에게 아주 중요한 일이에요. 기후 변화를 완화하는 소중한 존재입니다. 그런데 숲을 밀어 버린다는 것은 지구의 균형 작용을 깨뜨리는 일이 됩니다. 그런데도 숲 개간을 멈추지 않는 가장 큰 이유는 축산 시설의 동물에게 먹일 곡물을 재배하기 위해서예요. 동물을 키우고 곡식을 재배해서 결국 우리가 원하는 것은 '고기'입니다. 빼곡하고 무성한 나무들을 하나씩 베어 낼 여유가 없으므로 한꺼번에 불을 질러 숲을 태웁니다. 이때 숲에 살던 동물들은 그대로 타 죽거나 사람들의 손에 잡힙니다. 이렇게 잡은 야생 동물까지도 불법 거래를 하고 있습니다.

미래 세대를 위한 채식과 동물권 이야기

우리는 당장의 이익만 생각합니다. 자연의 순환 고리를 끊어 내고 있습니다. 아마존 숲이 사라진다고 내일 당장 우리가 숨을 못 쉬고 죽는 것은 아니지만, 그에 따른 문제는 여기저기서 드러나고 있습니다. 인류라는 종 하나가 지금 세상의 판도를 바꾸고 있습니다.

2017년 여름에는 아마존 유역에 집중 호우가 내렸는데, 브라질 40여 개의 도시가 물에 잠길 정도였답니다. 숲이 있었다면 무성한 풀과 나무들이 물길을 조절해 주었을 거예요. 그런데 땅을 너무 많이 훼손해 놓았기 때문에 큰물을 감당할 수 없었습니다. 감당할 힘을 잃으면 생태계의 순환도 깨집니다. 그렇게 되면 날씨조차 극단적인 모습을 보이게 돼요. 날씨가 극단적으로 되면 우리는 대비책을 찾을 시간도 없이 속수무책 당하고 맙니다. 한쪽에서는 홍수를, 다른 한쪽에서는 가뭄을 겪습니다. 자연 앞에서는 제 아무리 뛰어난 인류라 해도 어찌할 방도가 없어요. 유럽에서는 한겨울에도 반소매 옷을 입을 만큼 날이 따뜻하고, 우리나라의 겨울은 시베리아만큼 추웠다가 봄날처럼 따뜻하기를 반복했습니다. 봄꽃 진달래가 초겨울에 피기도 합니다.

열대 밀림의 무분별한 개발은 가까운 동남아시아에서도 심각한 문제입니다. 인도네시아에서도 경제 개발을 이유로 숲을 밀어내고 있어요. 숲이 사라지니 야생 동물들은 먹이를 구하기가 힘들어집니다. 그러다 마을까지 내려와요. 인도네시아의 수마트라 섬 밀림에는 400마리 정도의 수마트라 호랑이가 살고 있습니다. 호랑이는 세계 자연 보전 연맹이 지정한 '심각한 멸종 위기 종'으로 분류되어 있어요. 호랑이를 사냥하는 것이 법으로 금지되어 있는데도 주민들은 어쩔 수 없이 호랑이를 죽입니다. 숲을 그대로 두었더라면 동물들은 숲에서 알아서 살아갔을 거예요. 굳이 마을로 내려올 일도 없을 테니 죽고 죽이는 참사도 일어나지 않을 테고요.

땅과 하늘, 바다와 대기, 지구의 동식물과 인류는 모두 하나로 연결돼 움직이고 있어요. 인간은 세상을 지배한 듯했지만 결국 자연을 떠나 살 수 없습니다. 지구에게는 개미나 인간이나 다를 바가 없답니다. 전체가 연결된 구조를 파악했다면 우리는 문제의 원인과 해결 방법까지 알 수 있습니다. 아마존이나 수마트라섬 등의 열대 밀림을 보호하려면 어떻게 해야 할까요? 특별한 노력이 필요할까요? 해결책은 의외로 너무 쉬워요. 자연이 존재하는 그대로 가만히 두면 됩니다. 인류 외에는, 세상 누구도 숲이 불타는 걸 바라지 않을 거예요.

미래 세대를 위한 채식과 동물권 이야기

4 기후 변화 1.5도의 경고

지구에 지대한 영향을 끼친 건 바로 화산이었습니다. 화산의 파괴적인 힘은 아주 중요한 기체를 만들어 냈죠. 바로 이산화탄소예요. 이산화탄소는 대기에 쌓여 지구의 열을 지켜 주는 역할을 했어요. 지구가 생명의 봄으로 태어날 수 있도록 말이에요. 이산화탄소 등으로 만들어진 온실 효과는 생명에게는 최적의 환경이 되었습니다. 만약 지금 이산화탄소층이 사라진다면 지구는 다시 얼음 세상이 되고 말 거예요.

하지만 우리는 석탄과 가스, 석유 같은 화석 연료를 태워 필요 이상으로 이산화탄소를 배출하고 있습니다. 대기 중 이산화탄소 농도가 변화할 때는 지구 전체 온도에도 영향을 끼쳤어요. 따라서 이산화탄소 등의 과잉으로 온실가스가 계속 증가한다면 지구의 온도는 계속 높아지기만 할 거예요. 대기에 이산화탄소가 너무 많아 표면 온도가 450도인 금성처럼 지구의 기후도 급격히 변할 수 있습니다.

이산화탄소가 늘어나도 밀림 같은 큰 숲이 조절해 줄 수 있다면 괜찮을지도 몰라요. 숲은 그 정도의 능력이 있습니다. 지구에 숲이 절대적으로 필요한 이유입니다. 숲은 그 자체로 아름답기까지 합니다. 그런데 지구 곳곳에서 밀림을 통째로 밀어 버리고 있으니, 정말 힘 빠지는 노릇이에요. 우리는 지구에 병 주고 약 주는 게 아니라 병만 키우는 역할을 하고 있습니다.

지구의 평균 기온은 산업화 이전보다 1.1도가 올랐습니다. 산업화 이전에는 1만 년에 5도, 그러니까 2,000년에 1도 정도 올랐어요. 그런데 자연의 시간보다 훨씬 빠른, 최근 40년 동안 1도가 올라 버렸어요.

인류의 힘이 워낙 막강해서일까요? 너무도 단기간에 벌어진 일입니다. 온도가 올랐기 때문에 지구 온난화라는 표현을 많이 써요. 말 그대로라면 지구가 따뜻해진 정도로 느껴집니다. 그러나 그렇게 온화한 느낌만은 아니에요. 그 1도 때문에 우리 몸에서는 열이 납니다. 약을 먹거나 병원에 가야 하지요. 목숨이 위험하기도 합니다.

그래서 지구의 평균 기온 1도가 오른 기후 변화를 어제보다 더 따뜻한 오늘의 날씨로 이해하면 안 돼요. 날씨와 기후는 다른 얘기거든요. 날씨는 매일매일 다른 기상 변화이지만, 기후는 오랜 기간에 걸친 날씨 변화의 종합입니다. 장기적인 변화

이므로 1도가 오른 기후는 좀체 내려가기 힘들어요. 인류 전체가 대대적인 노력을 하지 않는 이상 지구의 평균 기온은 가파르게 상승만 할 거예요. 인류가 한순간에 산업화 이전으로 돌아간다면 지구의 기온을 이전으로 돌려놓을 수 있을까요? 어쩌면 그것만이 유일한 해답인지도 모르겠습니다.

우리는 이미 1도 기후 변화의 영향을 느끼고 있어요. 폭염은 과거에도 있었지만, 더욱 자주 그리고 길게 발생합니다. 폭우와 폭설 또한 마찬가지예요. 예상치 못했던 곳에서, 여러 지역에서, 더욱 자주, 더욱 길게, 더욱 강력한 기상 이변을 경험하게 돼요. 바닷물 온도가 상승하면서 태풍은 더욱 세력을 키웁니다. 태풍은 바닷물의 뜨거운 수증기를 먹고 힘을 키우거든요. 그래서 이제는 힘센 태풍이 더욱 자주 발생하고 있습니다. 이전에는 경험해 보지 못한 현상이라 인류는 이미 우왕좌왕하고 있습니다. 초강력 슈퍼 태풍, 유례없는 폭염, 폭설 최장 기록, 기록적인 한파, 뉴스에서는 이런 표현이 더욱 자주 등장할 거예요.

기후 변화를 연구하는 국제기구가 있습니다. 유엔 산하 '기후 변화에 관한 정부 간 협의체IPCC'예요. 이 국제기구에서 2018년 10월 발표한 보고서는 기후 변화가 인류의 가장 긴급한 해결 과제라고 강조합니다. 기후 변화에 따른 대재앙을 막으려면 지구 평균 기온이 산업화 이전과 비교해 2100년까지 1.5도 이상 오르지 않아야 한다고 경고했습니다.

1.5도 목표가 불가능한 것은 아니에요. 그러나 지금의 속도라면 결코 쉽지만은 않습니다. 인류는 그동안 경험하지 못한 변화를 당장 실행하지 않으면 안 되는 상황에 놓였어요. 반대로 인류가 어떤 노력도 하지 않는다면, 2100년에는 기온이 산업화 이전보다 6도 이상 오를 수도 있다고 합니다. 앞으로 2100년까지는 지구의 역사가 완전히 바뀔 수도 있는 매우 중요한 시기입니다. 우리의 삶이 이 역사와 함께 합니다. 지구의 운명은 우리에게 달려 있는 거예요.

이미 1.1도 상승으로 지구가 대혼란을 겪고 있어요. 그 이상 넘어가면 인류 멸종도 시간문제가 되니까요. 지금 이 순간도 지구 온난화는 가속화되어 과학자들이 경고한 1.5도 상승에 도달하는 것도 시간문제입니다. 2021년 IPCC는 1.5도 상승 시기가 12년이나 앞당겨질 것으로 전망했습니다. 애초 예상했던 것보다 세상은 더 긴박하게 기후 변화를 보인다는 뜻입니다. 사람들은 여전히 변하지 않고 있다는 뜻입니다.

지구의 기온이 2도 올라가면 너무 많아진 이산화탄소가 바닷물에까지 녹아들어 바다는 산성화가 되어 버립니다. 결국, 지구 산소의 50퍼센트를 만드는 플랑크톤은 한꺼번에 죽게 되지요. 바다가 푸른빛으로 보이고 지구가 푸른 별로 빛나는 것도 바다의 플랑크톤 때문이에요. 울창한 지구의 숲도 사라졌는데 플랑크톤까지 사라지면 산소로 호흡하던 생명체 또한 서서히 멸종하게 됩니다. 바닷속 생물이 사라져 조개나 새우를 못 먹는 것을 두려워해야 할까요? 그보다는 우리 자신이 사라지는 것을 더 두려워해야 합니다.

3도가 오르면 아마존은 사막이 되고, 4도가 오르면 지구의 빙하는 모두 녹아 없어집니다. 5도가 오르면 전 세계가 바닷물과 해일로 초토화가 되어, 그때까지도 살아남은 인류가 있다면 에베레스트산으로 올라가야 하는 기후 난민이 됩니다. 그래도 살아남을 수 있으니 다행일까요? 6도가 오르면 산소를 보호하는 오존층까지 파괴되어 결국 모든 생명이 대멸종으로 가게 됩니다. 지구 역사에서도 기후 변화는 있었지만, 이번에는 다릅니다. 모든 생명체의 멸종이에요. 모든 생명은 언젠가는 죽게 되어 있지만, 외부 조건으로 생을 마감하고 싶은 사람은 없을 겁니다. 다른 동식물도 마찬가지예요.

지구 온난화를 최대한 늦춘다고 해도 2050년이면 해수면 상승으로 전 세계 수십 개 대도시에서 사람이 살 수 없게 됩니다. 이 세상의 동물종 절반이 사라지고, 식물종은 60퍼센트가 멸종 위기에 놓입니다.

국제 환경 단체 그린피스 서울 사무소가 발표한 자료를 보면 2030년까지 한반도의 5퍼센트가 물에 잠길 거라고 해요. 부산 등의 바닷가 인접 도시가 가장 먼저 치명타를 입게 됩니다. 그래서 부산은 해수면 상승에 대비해 물에 뜨는 해상 도시 건설을 추진하고 있어요. 자연재해 피해를 막겠다는 것입니다. 인류가 좀 더 현명하다면, 피해 자체가 생기지 않도록 더욱 적극적인 노력을 해야 합니다. 깊은 물이 위험한 걸 안다면 물에 빠져서 어찌해 볼 것이 아니라 애초에 물에 들어가지 않는 게 최선이 아닐까요?

사실 지구의 처지에서 보면 멸망이라고 부를 것도 없을 거예요. 지구를 삶의 터전으로 살아가는 우리에게 닥친 일일 뿐입니다. 그러나 태양계에서 다양한 생물종이 어우러져 살아가는 행성으로는 지구가 유일하지요. 그렇기에 인류를 포함한 지구의 생물종이 멸망한다는 것은 생명으로서의 지구가 끝난다는 것입니다.

IPCC에서 기후 변화와 인류가 얼마나 연관이 있는지 연구하기 시작한 게 1990년이에요. 그때는 기후 변화가 과연 인간의 책임인가 하는 의문을 가졌어요. 1995년에는 인간도 이유 중 하나라고 인정했습니다. 2001년에는 인간의 책임이 66퍼센트 이상, 2007년에는 90퍼센트 이상, 2014년에는 95퍼센트 이상, 그러다 2022년에는 인간의 책임이 명백하다는 결론에 도달했습니다.

인류가 멸종하면 지구는 원래대로 돌아갈까요? 예, 맞아요. 인류가 생태계의 순환을 깨고 있으니 인류만 사라지면 별문제 없을 거예요. 그렇더라도 하루아침에 세상이 바뀌는 것은 아닙니다. 1만 년 정도 지나야 이전의 수준으로 돌아갈 수 있습니다. 그러니 인류가 얼마나 어마어마한 일을 저지르고 있는지, 지금이라도 자각해야 합니다.

5   메탄의 위력

 얼음은 대부분의 다른 물질보다 특이한 성질을 가졌습니다. 얼면서 팽창하기 때문에 고체일 때 오히려 물 위에 뜹니다. 지구의 얼음은 물에 뜬 채로 북극과 남극을 거대한 반사 장치로 만들어요. 빛도 열도 모두 반사합니다. 육지와 바다는 어두워서 태양 에너지를 흡수하지만 얼음은 반대예요.

 그런데 지구의 얼음이 빨리 녹고 있습니다. 극지방의 빙하가 녹고 있어요. 얼음이 모두 녹아 버리면 지구의 모습도 바뀝니다. 인류가 출현한 이후 가장 뚜렷한 변화입니다. 태양에서 오는 열을 적당히 흡수하고 적절히 반사해서 지구의 전체 기온은 일정하게 유지되었는데, 이제 그런 기능이 사라진다는 거예요. 지구는 열을 흡수만 할 테니, 기온 상승은 너무나 명백한 사실입니다.

 시베리아는 지구에서 가장 춥고 외진 곳입니다. 평균 기온이 영하 40도예요. 영구 동토층으로 알려진 이곳에도 지구 온난화로 변화가 나타나고 있습니다. 영구 동토층에는 대량의 메탄이 숨어 있어요. 바닥에 쌓인 오래된 지구 퇴적물에서 메탄을 품은 기포가 올라오다가 영구 동토층을 뚫고 나가지 못하고 갇혀 있어요. 올라가지 못한 메탄은 세상이 녹기만을 기다립니다.

지구에서 이산화탄소 다음으로 많이 배출되지만 온실 효과는 80배나 더 강력한 가스가 바로 메탄입니다. 문제는 지구 온난화로 영구 동토층이 녹고 있어 상당량의 메탄이 대기로 방출될 수 있다는 겁니다. 메탄 기포로 가득한 얼음 땅은 서서히 녹아 더는 단단하지도 않습니다. 사람이 걸어도 출렁거릴 정도예요. 그리고 영구 동토층에 갇혀 있는 알 수 없는 바이러스들이 세상에 나올 수도 있습니다. 세계를 마비시켰던 코로나 19의 경험을 통해 새로운 바이러스의 위험을 겪었는데, 앞으로는 얼마나 더 다양한 바이러스가 세상으로 나와 우리를 위협할지 아무도 알지 못합니다.

얼음이 녹으면서 메탄 기포도 터지기 시작했습니다. 거기에 불을 붙이면 무서운 불기둥이 생길 정도입니다. 불기둥이 무서운 게 아니에요. 얼마나 많은 메탄이 갇혀 있을지 짐작도 못한다는 게 더 무서운 일입니다. 왜 그런지 더 생각해 볼까요?

메탄은 이산화탄소보다 더 강력한 온실가스라고 했지요. 그

미래 세대를 위한 채식과 동물권 이야기

위력으로 지구를 더 빨리 뜨겁게 합니다. 지구 온난화가 계속되면 영구 동토층의 얼음도 녹아요. 얼음이 녹으면 다시 메탄가스가 방출됩니다. 언제 터질지 모르는 시한폭탄과도 같아요. 과학자들은 영구 동토층이 모두 녹아 메탄이 방출되면 지구 온난화를 가속화하는 것은 분명하지만, 어떤 결과를 얼마나 빨리 불러올지는 아무도 알 수가 없다고 합니다. 한 번도 겪어 보지 않은 일이기 때문이에요.

메탄은 이산화탄소보다 강력한 온실가스이지만 대기에서 더 빨리 사라집니다. 이산화탄소가 200년 간다면 메탄은 12년 정도에 불과해요. 이산화탄소는 더 오래도록 대기에 머물기 때문에 위험도는 더 클 수 있습니다. 이산화탄소를 줄이는 노력도 당연히 함께 가야 합니다. 그런데도 우선 메탄이라도 줄이면 지구 온난화를 빨리 막아 볼 수 있다는 계산이 나옵니다.

메탄은 영구 동토층 등의 오래된 퇴적물에서 나오기도 하지만 우리 주변에서도 흔히 발생합니다. 실제 농축수산업에서 메탄 발생률이 가장 높아요. 특히 축산 시설은 지속해서 늘어나기 때문에 중요하게 보아야 합니다. 소의 트림, 방귀는 생체 활동임과 동시에 다량의 메탄가스를 발생시켜요. 메탄이 강력한 온실가스임에도 이산화탄소보다 덜 인식되는 이유는, 바로 우리의 생활과 직접적인 영향이 있기 때문입니다. 우리가 먹고 마시는 행위, 살아가는 것, 자연 생태계의 다른 동물들, 식물들의 활동, 모든 곳에서 메탄이 발생합니다. 어찌할 수 없는 문제입니다.

그러나 우리는 인간보다 더 많은 수의 동물을 번식시켜 놓았어요. 생태계의 조화는 중요하지 않았고 필요 욕구에 따라서만 번식시켜 놓았습니다. 이걸 계속하는 한 문제는 좀처럼 해결되지 않을 거예요. 온실가스 배출에서 축산업과 연관 산업이 차지하는 비중이, 많게는 51퍼센트에 이른다는 게 과학계의 추산입니다. 축산업은 대부분 공장식 축산이 차지해요. 따라서 공장식 축산이 기후 위기의 가장 큰 원인이라는 뜻이 됩니다. 먹고살려면 고기를 포기할 수 없다고요? 그러나 육식을 조금이라도 줄이거나, 대체품을 찾는 방식으로 얼마든지 해결할 수 있습니다. IPCC에서도 2018년에 발표한 보고서에 이 항목을 강조했어요.

"지구 온도 상승을 1.5도 이내로 제한하려면 육식 위주의 식습관을 바꿔야 한다."

지구에 육상 생명체가 살 수 있는 대기가 생성되기까지 약 40억 년이 걸렸습니다. 이후 생명체와 대기는 서로 의존하는 관계였어요. 지금은 어떤가요? 생명체와 대기는 서로 위협적인 존재가 되었습니다. 인간은 대기를 변화시켰어요. 지구 역사상 인류는 대기를 변화시키는 최초의 종이 되고 말았습니다.

2장

동물의 고통

1 동물에게도 권리가 있을까?

지구에 닥친 위험을 다룰 때 공장식 축산 시설의 문제를 빼고 얘기할 수 없습니다. 엄연한 현실입니다. 가끔 진실은 불편하고 우리는 고통스럽습니다. 그렇다고 묻어 두자니 문제가 해결될 기미가 보이지 않습니다. 자연 상태에 있어야 할 동물을 가둬 키우니 동물이 고통스러워하는 것은 당연한 일이에요. 인류를 위협하는 기후 위기 문제와 연결 고리가 너무 많습니다. 같은 생명체로서 동물들을 윤리적으로 대했는지, 첫 단추부터 잘못 채워진 것은 아닌지 되돌아봐야 할 때입니다.

세상에 드러난 문제로 현실을 파악할 수 있다면 그나마 다행일까요? 직접 볼 일이 없으니 그 안에서 무슨 일이 일어나는지 도무지 알 수가 없었습니다. 우리가 '고기'로 접하는 수많은 축산 시설 '동물'의 현실은 비참하기 짝이 없습니다.

첫째, 평생 달걀만 낳는 닭들은 배터리 케이지라고 하는 좁은 공간에서 몸 한 번 돌리지 못해요. 원하는 곳으로 이동할 수도 없고 누울 수도 없습니다. 본능에 따라 살아가는 것이 동물이라고 여기면서 사람들은 이들의 본능을 다 빼앗아요. 고급 소고기라고 여기는 한우의 경우, 높은 등급을 받으려고 좁은 우리에 가둡니다. 그래야 운동량이 줄어서 고급 지방충이라고 하는 마블링이 형성되거든요. 돼지 또한 움직임을 제한해야 얼른 살이 찌기 때문에 몸을 좌우로 돌릴 수도 없는 스툴이라는 틀에 가둬 키웁니다. 동물의 종류를 막론하고 움직이는 것을 허용하지 않습니다.

공장식 축산 시설에 사는 동물은 어떤 식으로든 자연스럽고 행복한 삶을 박탈당합니다. 이들 동물이 아무렇지 않을 거로 생각하는 사람은 없을 거예요. 우리에게는 돈이 될지 몰라도 동물들에게는 고통스러운 삶입니다. 설마 동물은 고통도 모른다고 생각하는 사람이 있을까요? 동물의 고통을 충분히 아는데도 우리의 욕심을 위해서 동물을 그렇게 가두는 게 옳을까요? 동물은 우리의 필요에 따라 구분되는 '물건'이 아니에요. 모든 동물은 우리의 가족이 될 수 있습니다. 가족은 '생명'입니다. 생명을 생명으로 보는 것은 너무도 당연해요.

둘째, 이러한 공간에서나마 자연스럽게 알을 낳고 자연스럽게 커 간다면 좀 나을지도 모르겠습니다. 그런데 동물의 성장

미래 세대를 위한 채식과 동물권 이야기

이나 알 낳는 속도까지 인위적으로 조절합니다. 최대한 빨리 키우고 최대한 많은 알을 낳도록 하는 거예요.

공장식 축산 시설의 동물들은 소와 닭, 돼지 등 종류를 불문하고 성장이 매우 빠릅니다. 성장 촉진제나 호르몬제 등의 약물 때문이에요. 다량의 항생제가 투여되기도 합니다. 전 세계에서 생산되는 항생제의 70퍼센트가 동물들에게 쓰이고 있을 정도입니다. 동물들은 약물 때문에 빨리 자라고, 아프다가 회복될 시간도 없답니다. 덕분에 우리가 원하는 대로 많은 고기와 달걀, 우유를 얻을 수 있습니다.

잘 생각해 보면 마냥 좋아할 일만은 아닙니다. 우리의 건강과 직결되는 이런 음식들이 건강한 방식으로 얻어지지 않았다면, 우리의 건강에도 유익하지 않을 테니까요. 동물들에게 쓰이는 성장 촉진제, 호르몬제, 항생제 등의 성분이 우리의 몸에도 쌓이기 시작했어요. 성조숙증 어린이가 흔해졌습니다. 옛날보다 평균 키가 커졌다고 기뻐할 일인지 다시 생각해 봐야 합니다.

셋째, 공장식 축산 시설 자체가 동물들에게는 매우 열악한 환경입니다. 몸이 자유롭지 못한 것은 말할 것도 없고 정신적인 고통 또한 어마어마합니다. 감옥과도 같지요. 이런 환경 때문에 동물들은 자해하거나 주변 동물을 공격합니다.

닭은 날카로운 부리로 자신의 몸을 쪼아 상처를 내기도 해요. 이를 막으려고 병아리가 태어나면 가장 먼저 부리를 잘라 버립니다. 달걀, 닭고기로 생산되어야 하는데 고기에 상처가 나면 상품성이 떨어지기 때문이에요. 돼지도 다른 돼지의 꼬리를 물어뜯는 행동을 보입니다. 돼지가 태어나면서부터 폭력적인 성격을 가진 것은 아니에요. 공장식 축산 시설은 제정신으로 살아가기에는 너무 힘든 조건입니다. 축산 농가에서는 이런 피해를 방지하기 위해 돼지의 송곳니와 꼬리 등을 마취 없이 잘라요. 동물들이 견뎌야 하는 고통은 이루 말할 수 없이 클 거예요.

젖소의 경우, 처음부터 젖소로 태어나는 소가 따로 있는 게 아닙니다. 송아지를 계속 낳아야 우유가 나오기 때문에 사람들은 소를 강제로 임신시킵니다. 그러다 송아지를 낳으면 바로 인간에게 빼앗겨요. 송아지에게 우유를 주다 보면 사람에게 팔아야 할 우유가 줄기 때문입니다. 새끼를 빼앗긴 어미 소는 몇 날 며칠을 울부짖습니다. 임신과 출산을 반복하는 축산 시설의 젖소는 자신의 새끼가 아니라 인간에게 젖을 주려고 존재하는 동물일 뿐이지요. 몸과 마음 어느 하나 건강하지 못한 채로, 공장식 축산업이라는 시설 안에서 동물들이 살아가고 있습니다.

미래 세대를 위한 채식과 동물권 이야기

마지막으로, 이런 밀집된 사육 환경에 있다 보니 늘 전염병에 노출되어 있습니다. 몸과 마음이 고통스러운 동물들은 당연히 면역력도 떨어져 있는 상태입니다. 백신을 접종하기도 하지만 일부 동물에게서 전염병 증상이 나타나기 시작하면 전파를 막을 길이 없어요. 다닥다닥 붙어 있기 때문에 바이러스가 단시간에 빠르게 전파됩니다. 자연의 동물들이라면 이런 문제를 겪을 일도 크게 줄어들 텐데 공장식 건물에 갇힌 동물들에게는 어쩔 수 없는 일입니다.

그러나 인간은 문제의 원인을 찾아 수정하지 않습니다. 문제가 나타나면 그때그때 수습하는 쪽을 택하고 있어요. 이때 내리는 결정이 바로 살처분입니다. 이미 감염된 동물뿐만 아니라 감염 가능성이 있는 동물에 대해서도 살처분이라는 극단적인 방법을 씁니다. 마치 가축 전염병에 대해서는 살처분이라는 하나의 대안만 존재하는 것 같습니다.

살처분이란 병에 걸린 가축을 죽여서 모두 땅속에 묻는 방식이에요. 그러나 실상은 다릅니다. 동물이 편안하게 떠나도록 약물이라도 주입하지 않을까 싶은데 그럴 여유조차 없답니다. 어차피 죽을 동물에게 더 이상의 돈을 쓰지 않습니다. 그래서 산 동물을 땅에 묻습니다. 게다가 병에 걸렸든 안 걸렸든 가리지 않고 사실상 전체가 살처분 대상이에요.

우리나라에서는 공장식 축산 시설이 국가적인 차원에서 장려되었습니다. 그만큼 많은 사람이 고기와 우유, 달걀 소비를 선호했으니까요. 모든 산업은 소비자가 원하는 방식으로 흐릅니다. 생산자가 주도한다 해도 소비자가 외면하면 설 자리가 없어요. 그렇다면 동물들의 삶을 이러하게 한 것은 축산업 농가일까요? 아니면 우리 소비자일까요? 우리는 적극적으로 개입한 기억이 없으니 아무 문제가 없을까요?

공장식 축산 시설은 인류의 가장 잔혹한 역사입니다. 고기로 태어나서 짧은 삶을 살다 떠나야 하는 동물에게 자비로운 방식이란 있을 수 없습니다. 공장식 축사에 동물을 가두어 번식시키고 우리가 원하는 만큼 도살해요. 동물을 그렇게 다루는 것이 정당할까요? 인간은 다른 동식물보다 우월하므로 그럴 권리가 있는 걸까요? 설령 우월하다고 해도 다른 생명을 마음대로 다루어도 된다고 생각하는 것은 과연 정당할까요?

그러나 인간이 위대한 점은 생각하는 능력뿐만 아니라 다른 생명체에게도 연민을 느끼는 심장을 지녔기 때문이라고 생각해요. 우리가 어쩔 수 없이 다른 동물의 생명을 빼앗아야 한다면 사는 동안이나마 생명으로서의 자유와 권리를 지켜 주는 방식이 되면 좋겠어요.

동물들은 부와 명예를 원하지 않습니다. 세상을 지배하고

미래 세대를 위한 채식과 동물권 이야기

싶은 마음도 없습니다. 생명으로 태어난 삶을 충분히 살 권리, 흙과 풀을 밟고 햇볕과 바람을 마음껏 즐길 권리, 어미와 새끼가 함께 시간을 보낼 권리, 동물들은 이 정도면 만족해요.

2   곰이 왜 철창에?

1981년, 우리 정부는 농가의 수입을 늘리고자 곰의 수입을 허가하고 사육을 권장했습니다. 곰을 번식시켜서 외국으로 다시 수출하면 돈이 될 거라고 생각한 거죠. 곰을 포함해 동물을 수익 목적으로 사육한다는 것은 많은 개체가 나와 주어야 가능한 일이겠죠. 그렇다고 산에 풀어놓으며 자유롭게 번식하라고 둘 수 없었어요. 야생성이 강하기 때문에 길들여가며 키울 수도 없습니다. 단단한 철창 안에 가두는 것만이 방법이었습니다.

곰들은 철창 안에서 미치지 않고 살아갈 수가 없었답니다. 좁은 철창에서 한 자리를 계속 맴돌거나, 머리를 흔들며 철창에 부딪히거나, 이빨이 다 상하도록 철창을 물어뜯는 일도 많았어요. 고통스럽게 갇혀 있는 동물들에게서 많이 나타나는 모습이에요. 이를 '정형 행동'이라고 해요. 철창 안에 평생을 갇혀 산다면 누구든 이런 행동을 보일 거예요. 과연 제정신으

미래 세대를 위한 채식과 동물권 이야기

로 살 수 있을까요? 오히려 이게 정상 반응이 아닐까요?

　1985년 반달가슴곰이 세계적인 멸종 위기종이 되자 곰의 수입과 수출은 불법이 되었습니다. 이후 1993년에는 우리나라도 '멸종 위기에 처한 동식물의 국가 간 교역에 관한 국제적 협약CITES'에 가입하며 곰 등의 멸종 위기 동물을 국가적으로 사지도 팔지도 않겠다고 약속했습니다. 곰을 키우던 농가에서는 반발했습니다. 더는 돈을 벌 수 없게 되었으니까요.

　그러자 1999년 정부는 곰의 쓸개 채취를 합법화해 주었어요. 곰의 쓸개를 웅담이라 불러요. 약재로 쓰이죠. 쓸개의 쓴맛 때문에 만병통치약이라 믿는 사람들이 있습니다. 쓴 약초, 쓴 음식은 몸에 이롭다는 생각 때문이에요. 그러나 웅담이 건강에 좋다는 과학적인 근거는 없답니다.

　쓸개즙을 채취하는 방법은 매우 잔인합니다. 살아 있는 곰의 배에 호스를 꽂아 쓸개즙을 뽑아내는 거예요. 우리는 손가락만 살짝 다쳐도 아픈데 몸에 구멍을 뚫어 쓸개즙을 뽑아간다면 얼마나 아플까요? 곰 한 마리에게 웅담은 하나밖에 안 되지만 호스를 꽂으면 살아 있는 동안 계속 뽑아낼 수 있으니까요. 그러다 곰이 열 살이 되면 도살합니다. 도살한 곰의 몸에서 웅담을 꺼내 판매하는 것까지가 합법이에요. 아무리 덩치 큰 곰이라도 인간이 만든 철창 안에서는 어찌할 도리가 없습니

다. 고통스러워 울부짖는 방법밖에는 없어요.

이런 사실이 알려지면서 곰 농장에 대한 인식은 나빠졌어요. 여전히 웅담을 사려는 사람들이 있었지만, 농가에 필요한 만큼의 소득으로는 이어지지 않았습니다. 소득이 줄자 갇힌 곰들에게 먹이도 제대로 줄 수 없게 되었습니다. 곰들을 키우는 것 자체가 돈을 벌고자 하는 것인데, 먹이에 돈을 많이 쓸 수가 없으니까요. 대체로 음식물 쓰레기가 곰들의 먹이였어요. 개나 소의 사료를 주기도 했습니다.

곰 사육 농장에서는 곰들이 탈출한 사건이 빈번하게 일어나요. 곰은 생태계에서 최상위 포식자라고 할 수 있지요. 우리에게는 만화 속의 귀엽고 친숙한 이미지이지만 곰은 대체로 인간에게는 위험할 수 있습니다. 사실상 모든 동물의 천적은 인간이지만, 곰과 사람이 일대일로 맞붙는다면 승자와 패자는 이미 정해진 거예요. 곰이 패자일 리는 없습니다.

탈출한 곰의 공격을 받아 농장의 주인이 목숨을 잃는 사건, 신고를 받고 출동한 엽사들에게 곰이 사살되는 사건, 곰이 사람을 죽이고 사람이 곰을 죽이는 비극이 되풀이되었습니다. 1년이고 10년이고 갇힌 곰들은 세상 밖으로 나가고 싶은 마음이 컸을 테니까요. 어쩌다 산 채로 잡힌 곰들은 다시 철창 안에 갇히거나 사람의 손에 죽어야 했어요. 굳이 자연이 아닌 인간 세상으로 곰들을 끌고 들어와서 결국 죽음에 이르게 한 겁니다.

2022년에는 우리나라의 동물 보호 단체인 동물자유연대 KAWA에서 곰 22마리를 구출해 미국의 야생 동물 보호소인 생추어리Sanctuary 시설로 보낸 프로젝트를 진행했습니다. 생추어리란 사육 곰처럼 평생 갇혀 살았던 동물들에게 야생의 환경과 야생성을 지켜 주면서 안락하게 살 수 있도록 돕는 보호 구역이에요. 곰, 코끼리, 소, 돼지 등 어떤 동물이든 괜찮아요. 인간에게 착취당한 동물이 대상이 됩니다. 생추어리는 공장식 축산과는 반대되는 개념이라고 볼 수 있어요. 인간에게 고통받는 동물들에게는 마지막 희망의 땅이기도 합니다.

아직 곰 사육이 합법인 나라는 한국과 중국뿐입니다. 2022년 현재 우리나라에 남아 있는 곰들은 320마리 정도예요. 여전히 법의 테두리 안에서 곰들은 죽어 가고 있어요. 곰이 있어야 할 곳이 철창일까요? 곰은 인간을 오래 살게 해 주려고 태어났을까요? 쓸개즙을 뺏기려고 태어났을까요?

자연에서 곰의 하루하루는 다채로운 시간들로 채워집니다. 수많은 생명체, 풀과 나무와 교감하며 땅에 발을 딛고 사는 동물이에요. 평생을 철창 안에서 살았던 곰들은 생추어리에 도착해서야 난생처음 땅에 발을 디뎌 봅니다. 흙을 밟으며 이게 어떤 상황인지 잘 모릅니다. 흙이 무엇인지, 안전한지, 어리둥절합니다. 그랬던 곰들이 천천히 자연과 하나가 되어갑니다. 그제야 비로소 웅담이 아닌 생명으로 존재합니다. 우리가 아는 진짜 곰의 모습을 볼 수 있는 순간입니다.

동물 보호 단체의 반발이 계속되자 환경부는 전남 구례와 충남 서천에 각각 50마리와 70마리의 곰 보호시설을 짓기로 했습니다. 또한, 2026년까지는 곰 사육 산업을 종식하겠다는 선언도 했어요. 그러나 그때까지 곰들은 철창에 갇혀 살아야 합니다. 당장 오늘이라도 웅담을 위해 도살될 수 있어요. 120마리를 위한 공간이 만들어진다고 해도 남은 200마리는 오갈 곳이 없습니다.

3 돌고래의 고향은 수족관이 아니에요

　인류가 동물을 다루는 방식에 생명 존중은 없습니다. 인류를 위해 존재하는 재료, 소모품, 대체품, 즐길 거리에 지나지 않아요. 생명을 고기로만 보면 공장식 축산 시설은 줄어들지 않을 것이고, 돈으로 본다면 곰들은 철창 안에서 죽어 가겠죠. 인류는 이 땅의 수많은 생명을 이렇게 가두고 있으면서, 바다 동물까지 육지로 끌고 와 착취합니다.

　우리는 수족관에서 돌고래를 보며 무척 좋아합니다. 생명을 사랑하는 마음이라고 생각해요. 나와 다르게 생겼지만, 물속을 누비고 공중으로 솟구치는 모습에서 행복과 자유를 느낍니다. 즐겁고 자유로운 동물이 바로 돌고래예요. 매우 빠른 속도로 바다를 헤엄쳐 다니는 모습을 상상해 보세요. 우리는 바다에서 이런 돌고래를 본 적이 있나요? 돌고래를 보러 바다까지 나가는 수고로움 때문에 인간의 도시로 옮겨와야 할까요?

　수족관은 바다를 안전하게 옮겨 온 공간이 아니에요. 사람들에게 전시하기 위해 깨끗하게 단장했지만, 축산 시설 같은 감옥과 다를 바 없습니다. 목적만 다를 뿐입니다. 커다란 해양 동물에게 수족관은 좁디좁은 감옥에 지나지 않습니다. 곰들이 철창 안에 갇혀 있듯 돌고래도 마찬가지예요.

돌고래는 초음파로 서로 소통합니다. 깊은 물속에서도 멀리까지 보낼 수 있는 음파가 바로 초음파입니다. 사람의 귀로는 거의 판별되지 않는 소리 파장이라고 할 수 있어요. 돌고래뿐만 아니라 다른 동물도 초음파를 발생시키거나 들음으로써 먹이 활동을 수월하게 할 수 있습니다. 위험한 물질을 피해갈 수도 있지요.

그런데 수족관 안에서는 그런 활동이 불가능해요. 초음파를 내보내면 벽에 닿았다가 되돌아옵니다. 자연에서 파악할 수 있는 정상적인 신호가 아니에요. 계속해서 반사되어 오는 초음파에 고통스러운 것은 돌고래입니다. 인류는 뛰어난 과학 연구로 동물들의 초음파 활동까지 발견했지만, 그들의 습성을 존중해 줄 마음은 없는 걸까요?

수족관의 돌고래가 제 수명대로 살 리도 없습니다. 어느 정도 바다에서 살다가 포획된 개체보다, 수족관에서 태어난 돌고래는 수명이 더 짧습니다. 야생에서는 돌고래가 새끼를 낳으면 한 무리가 공동육아를 해요. 어미가 먹이를 사냥하는 동안 같은 무리의 돌고래들이 새끼를 돌봅니다. 물속에서 숨을 쉬기 힘들면 물 위로 올려 주기도 하죠. 돌고래는 바다에 살지만, 어류가 아닌 포유류이기 때문이에요. 그러나 수족관에서는 돌고래들의 공동체가 불가능해요. 새끼 돌고래를 돌보는 방법도 배우지 못합니다. 따라서 새끼가 태어나더라도 얼마 못 가 죽는 경우가 대부분입니다.

흰 돌고래 벨루가는 신비스러운 모습 때문에 사람들이 아주 좋아합니다. 벨루가는 움직임이 빠르지 않지만, 철 따라 이동하는 거리가 아주 길어요. 북극해에서 일본 앞바다까지 헤엄치며 온 바다를 여행합니다. 그러나 러시아 앞바다에서 포획된 벨루가는 우리나라의 수족관에 갇혀야 했습니다. 어느 날 갑자기, 자유롭게 누비던 시원한 바다가 아닌 콘크리트벽 환경에 놓이게 되었습니다. 바다에서처럼 움직였다간 몸에 멍만 들어갈 거예요. 조금만 헤엄치면 바로 코앞에 수조의 벽이 있습니다. 벽에 부딪히면 몸을 돌려야 해요. 다시 속도를 내려고 하면 반대쪽 벽에 부딪힙니다. 정신 건강이 좋을 리 없어요. 조금 더 넓은 공간을 만들어 준다 해도 돌고래의 정상적인 행동반경을 충족시킬 수가 없습니다. 스트레스를 받은 동물은 같은 자리를 맴돌거나 아예 움직이지 않기도 합니다. 스스로 벽에 머리를 부딪히기도 하지요. 정형 행동은 갇혀 있는 모든 동물에게서 나타나는 현상입니다. 그러나 신비로운 돌고래 벨루가를 보며 우리는 환호만 합니다. 벨루가의 처지는 전혀 고려하지 않습니다.

상황이 이러하므로 수족관에 있는 돌고래는 방류를 해야 합니다. 돌고래가 있어야 할 곳은 바다입니다.

수족관에 있던 남방큰돌고래 중 2013년 제돌이, 춘삼이, 삼팔이와 2015년 태산, 복순이는 제주 바다에 방류된 이후 무리와 합류하며 잘 적응한 것으로 확인되었어요. 그러나 2017년 방류된 금등이와 대포, 2022년 비봉이는 발견되지 않고 있습니다. 야생성 회복 훈련을 하더라도 수족관에서 태어나 삶의 전부를 그곳에서 살았다면 바다 적응이 쉽지 않습니다. 특히 비봉이는 세 살 무렵에 불법 포획돼 17년을 수족관에서 살았습니다. 그런데도 야생 훈련은 48일밖에 하지 않았어요. 더구나 돌고래는 무리 생활을 하므로 짝을 지어 방류하는 것이 기본입니다. 오랜 수족관 생활을 했는데도 동료 돌고래도 없이 혼자 방류된 비봉이에게는 위험할 수도 있는 상황이었습니다. 몸에 부착한 GPS 신호 역시 바다에 나간 뒤로는 한 차례도 수신되지 않았습니다. 정부는 이런 상황을 예측하지 못했다고 합니다. 이런 문제점 때문에 야생성을 잃은 돌고래를 방류하는 것이 오히려 위험하다며 반대하거나 비판하기도 합니다.

비봉이를 걱정한 사람들에게는 슬픈 소식입니다. 그렇다고 계속 수족관에 가두는 것이 최선일까요? 우리가 돌고래라면 어떤 결정을 내릴까요? 돌고래의 안전이 진심으로 걱정된다면, 애초에 우리는 돌고래를 잡아 오지 말았어야 합니다. 너무도 간단히 해결될 문제예요. 그런데도 이제는 바다에까지 나가 돌고래 관광을 합니다. 제주 바다에서 자유롭게 뛰노는 돌고래들을 보고 싶은 건 인간의 마음일 뿐, 돌고래들은 반갑지 않습니다. 제대로 쉬지도 못하고 큰 선박의 엔진 소리를 들어야 합니다. 먹이 활동도 놀이도 자유로울 리 없습니다.

돌고래를 가두거나 전시하면 안 된다고 주장하는 이유 중 하나는 돌고래가 자아를 인식하고 사회성과 지능이 높은 동물이라는 사실 때문입니다. 그렇다고 동물을 착취하는 데에 그들의 지능이나 능력이 중요한 판단 기준이 되어서는 안 됩니다. 상대적으로 지능이 낮은 동물은 우리가 함부로 다루어도 괜찮다는 뜻으로 이해될 수 있으니까요. 인간이 가둔 동물을 한꺼번에 자연으로 돌려보내기 어려우니 인지 능력이 있는 동물부터 자유롭게 한다면, 의미 있는 기준 정도는 될 수 있을 거예요. 그러나 어떤 경우에도 인간은 다른 생명을 함부로 다룰 권리가 없습니다.

우리가 원하는 방식으로 동물을 가두는 것은 폭력이라고밖에 볼 수 없습니다. 동물을 직접 때리거나 굶기는 것만이 학대가 아니에요. 동물이 원하지 않는 방식으로 가두는 것이 학대와 폭력의 시작입니다. 인간이 동물을 다루는 방식에 대한 고민이 없다면, 외계 생명체가 우리를 지배하고 학대한다 해도 할 말이 없습니다. 그때가 돼서야 우리는 깨달을 수 있을까요?

돌고래의 고향은 바다입니다. 돌고래를 만나려면 우리가 바다로 가야 합니다. 배를 타고 돌고래를 졸졸졸 쫓아다니는 것은 바람직한 방법이 아닙니다. 멀리 바닷가에 서서 바라보는 것만으로도 충분합니다. 저 멀리 자유롭게 솟구치며 기뻐하는 돌고래를 보게 된다면, 그때야말로 그들과 우리 모두가 더 자유롭고 행복한 순간일 것입니다.

4   북극의 눈물, 남극의 눈물

북극에도 다양한 생명이 살아가고 있습니다. 인간 또한 북극 환경에 의지해 더불어 살아갑니다. 우리에게는 한없이 척박한 환경이겠지만 북극 툰드라에 정착한 인류에게는 생존이 걸린 땅이에요. 이곳에도 날씨가 따듯해지면서 눈 대신 비가 내리기 시작했습니다.

북극 동물 중 순록은 식물이 자라는 여름 두 달을 제외하고는 눈 속에 묻힌 이끼 등을 파먹으며 살아갑니다. 흰 설원에 아무것도 없어 보이지만, 그 아래 순록의 양식이 숨어 있는 거예요. 부드러운 눈을 헤치는 것이 순록에게는 그다지 어려운 일이 아니에요. 그러나 비가 내리면 얘기가 달라집니다. 비가 와서 눈이 녹으면 이끼가 더 쉽게 드러날 것 같지만 그게 아니랍니다.

북극은 연중 평균 기온이 영하 40도에 가깝습니다. 비가 내리면 얼음이 됩니다. 부드러운 눈 대신 날카로운 얼음 평원이

돼 버려요. 눈을 헤치던 순록은 발굽으로 얼음을 부수고 깨야 합니다. 그 때문에 얼음 대신 발굽이 쪼개져요. 이끼를 먹기 어려워 순록 무리가 모조리 굶어 죽기도 합니다.

유목민에게 순록이란 고기와 가죽, 뿔까지 버릴 것 하나 없는 소중한 존재입니다. 그곳 사람들은 수백 수천 마리가 넘는 순록을 따라 평생을 이동하며 살아갑니다. 순록이 죽으면 순록과 함께 일생을 살아가는 북극 유목민에게도 치명적인 상황이에요. 지구 온난화로 날이 따뜻해진다고 해서, 눈 대신 비가 내린다고 해서, 이들이 살기 좋은 환경이 되는 게 아니랍니다.

유목민과 순록에게 더 위협적인 일이 생겼습니다. 세계 최대 천연가스 매장지인 툰드라의 자원을 캐내기 위해 철도와 도로, 파이프라인까지 설치되었기 때문이에요. 여기서 뽑아 올린 가스는 유럽까지 이동합니다. 툰드라의 사람들에게는 천연가스가 아닌 순록만 있으면 되는데 세상은 인위적인 환경을 더 많이 만들어 냈어요. 이 때문에 순록이 계절 따라 움직이던 길이 바뀌었습니다. 순록들은 난생처음 보는 콘크리트 도로에서 발을 멈춰 버립니다. 끝없이 이어지는 파이프 라인 앞에서는 겁을 먹고 우왕좌왕합니다. 인류의 개발 욕심은 오래된 땅 툰드라에까지 미치고 있습니다. 문명의 이기를 풍요롭게 누리고 사는 사람들이 기후 변화를 주도하고, 그 고통은 자연과 더불어 사는 사람들에게 가장 먼저 돌아가고 있습니다. 북극 동물과 유목민은 지구의 누구보다 기후 변화의 위기를 직면하고 있어요.

북극이 따뜻해지는 것, 바다의 얼음이 녹고 있는 것은 북극 곰에게도 치명적인 상황이에요. 바다 얼음은 북극곰이 물범을 사냥하는 터전입니다. 숲에 사는 곰은 겨울에 식량이 없어 겨울잠을 자지만, 북극곰은 바다가 얼어 있어야 사냥이 가능합니다. 얼음이 줄면 북극곰의 사냥 범위와 가능성도 줄어요.

제대로 먹지 못해 뼈만 앙상한 북극곰의 모습은 지구의 현실을 적나라하게 보여 줍니다. 육식 동물인 북극곰이 힘없이 비틀거립니다. 겨우 찾아낸 것이 미역 같은 해초류입니다. 두꺼운 지방층을 만들어야 사냥이 힘든 계절을 지낼 수 있는데, 미역으로는 당장 오늘도 버틸 수 없습니다. 지구의 최상위 포식자가 굶어 죽는다는 것은 생태계의 위기를 상징합니다. 먹이 피라미드의 아래를 단단히 받쳐 주고 있는 생물 또한 위험 상황이라는 뜻이에요. 과연 인류는 안전할까요? 최강 포식자라 자부하는 우리에게는 더더욱 먼 얘기가 아니에요. 이제는 먹이 피라미드가 아니라 둥근 지구를 둘러싼 생명체답게 둥글게 둥글게 세상을 품어야 합니다.

북극은 지구의 다른 곳보다 온난화 속도가 두 배 이상 빠릅

니다. 얼음이 녹으면 땅과 바다가 드러나 햇빛을 그대로 흡수하기 때문이죠. 열이 많을수록 더 많이 녹고, 더 많이 녹을수록 열도 올라가니 결국 악순환으로 연결된다는 얘기예요. 이대로라면 2040년 무렵 북극 바다의 얼음은 모두 녹아 사라진다는 관측도 있습니다.

　남극의 펭귄도 비슷한 일을 겪어요. 남극에도 비가 내리기 시작했습니다. 남극의 추위 한 가운데에는 황제펭귄을 비롯한 여러 펭귄이 살고 있지요. 펭귄은 세상의 가장 혹독한 추위를 이겨내며 진화한 생명체입니다. 그중 황제펭귄은 남극에서도 가장 추운 곳에 서식지가 있습니다. 다 자라면 키가 130센티미터나 되어 펭귄 중 가장 큰 개체예요. 매년 겨울 새로운 짝을 정하고 하나의 알을 낳습니다.

　황제펭귄이 새끼를 키우는 곳은 바다에서 멀어요. 엄마 펭귄이 알을 낳으면 발등 위에 알을 올려 얼지 않도록 품고 있어야 하는 건 아빠 펭귄의 몫이랍니다. 알이 부화하는 동안 엄마 펭귄은 먹이를 구하려고 먼바다로 떠납니다. 아빠 펭귄들은 남극의 눈바람과 싸우며 아무것도 먹지 못한 채 알을 품고 있어야 해요. 아무리 추위에 진화한 펭귄이라고 해도 혼자서는 이겨낼 수 없는 눈바람이라 거대한 무리를 형성해 서로의 체온을 나눕니다.

그렇게 두 달, 아빠 펭귄이 발등 위에 올려놓고 몸의 지방층으로 덮어 키운 알이 부화되기 시작해요. 새끼가 알을 깨고 밖으로 나와도 일이 다 끝난 게 아니에요. 아직 너무 작고 털과 피부가 약해서 단 몇 초 칼바람에 노출돼도 새끼는 얼어 죽게 됩니다.

어린 황제펭귄을 위협하는 것은 추운 날씨뿐만이 아니에요. 자라면서 회색 솜털 대신 매끈하고 검은 방수 깃털로 털갈이를 해야 바다에 들어가도 안전합니다. 솜털이 물을 흡수해 버리기 때문이죠. 털갈이 후에야 비로소 바닷속으로 첫 다이빙을 해 먹이 활동을 합니다.

그런데 눈 대신 비가 내리면 펭귄은 그대로 얼어 죽습니다. 특히 어린 펭귄의 솜털은 비에 취약합니다. 얼음 옷을 입은 채 펭귄 무리가 얼어 죽는 일도 생겨요. 또한, 바다 얼음도 녹으니 곳곳에 물웅덩이가 생깁니다. 물에 빠져도 헤엄쳐 나올 힘이 없어요. 바다 얼음이 녹고 깨지면서 새끼 펭귄 1만여 마리가 한꺼번에 익사한 일도 있었어요.

추위와 눈바람은 펭귄에게도 고통스러운 환경임에 틀림없습니다. 그러나 지구 온난화는 펭귄을 고통이 아닌 죽음에 이르게 합니다. 인류가 지금처럼 온실가스를 배출한다면 황제펭귄은 2050년 안에 70퍼센트가 사라지고 2100년에는 거의 멸종될 것이라는 연구 결과도 나왔어요. 남극에 사는 동물 종류는 지구 전체에 비해 상대적으로 적기 때문에 황제펭귄이 사라지면 남극 생태계 전체에도 큰 영향을 줄 것이 불가피합니다.

아델리펭귄, 턱끈펭귄, 젠투펭귄 등도 황제펭귄처럼 바다로 다이빙해 크릴새우를 주로 먹고살아요. 그런데 불법 조업과 바다의 산성화로 펭귄의 먹이까지 줄고 있습니다. 크릴새우는 바다의 플랑크톤을 주로 먹고사는데, 바다에서 산성화로 플랑크톤이 줄어드니 크릴새우도 줄고 있어요. 크릴새우가 줄면 펭귄도 먹고살기 힘들어지게 돼요. 이것만 보더라도 어느 개체 하나에 위험이 닥치면 연쇄 작용은 시간문제라는 것을 알 수 있습니다.

순한 성격의 황제펭귄이 이들 중 가장 취약한 종으로 분류되고 있어요. 그다음으로 아델리펭귄과 턱끈펭귄이 위험하다고 합니다. 귀엽고 사랑스러운 생명체가 혹독한 환경에서 죽어 간다는 것은 정말 슬픈 일입니다.

자연 생태계를 취재하거나 사진을 찍는 작가들에게 요구되는 조항이 있습니다. 어떤 경우에도 생태계에 개입해서는 안 된답니다. 설령 황제펭귄이 얼어 죽어 가도 인간은 철저히 관찰자 시점을 유지해야 합니다. 그러나 인간은 이미 생태계에

너무 깊숙이 개입해, 너무 많은 동물을 죽이고 착취하고 있잖아요. 그런데도 생명을 살리는 것은 금지하고 있다니, 앞뒤가 맞지 않는 조항입니다. 생태계 개입을 금지하는 것이 정당하다면 어떤 경우에도 동물을 인위적으로 다루어서는 안 될 거예요.

결국, 남극의 황제펭귄은 2022년에 미국 정부의 멸종 위기종으로 등재되었어요. 미국 정부는 앞서 북극곰, 고리무늬물범, 다양한 산호도 멸종 위기종으로 분류했습니다. 어떤 종이 사라진다는 것은 그것이 크든 작든 식물이든 동물이든 지구의 비극이에요. 지구의 비극은 어느 한 개체가 겪는 고통으로 끝나지 않습니다.

우리 중 누구도 고통을 겪고 싶지는 않을 거예요. 고통스러운 얘기를 듣고 싶지도 않아요. 비참한 상황보다는 희망의 이야기를 듣고 싶어요. 지구의 다섯 번째 대멸종 당시 공룡처럼 여섯 번째 멸종의 장본인은 바로 인류입니다. 우리가 현실을 자각하지 않는다면 인류는 지구에서 가장 먼저 추방될 거예요.

미래 세대를 위한 채식과 동물권 이야기

5 세상의 마지막 호랑이

우리나라에서도 사라진 동물이 있습니다. 바로 호랑이예요. 호랑이 특유의 야생성은 인간이 갖지 못한 힘을 느끼게 합니다. 두려우면서도 친숙하고, 때로는 인간의 수호신이기도 했습니다. 특히 우리나라 설화에는 호랑이 이야기가 많아요. 절대적인 힘을 가진 동물, 영적인 생명으로 묘사되었습니다.

그러나 우리나라의 산속에 많이 살던 호랑이는 일제 강점기에 모두 사라졌어요. 남획 때문입니다. 호랑이와 함께 표범, 곰, 늑대까지 야생에서는 모두 자취를 감췄습니다. 어릴 적 시골의 산과 들에서 흔히 볼 수 있었던 족제비, 꿩과 산토끼도 거의 모두 사라졌습니다.

한국의 마지막 호랑이는 공식적으로 1921년 경북 경주에서 일본 순사의 총에 잡힌 개체예요. 이후로도 호랑이를 보았다는 목격담이 나오기도 했지만 확실한 증거는 없답니다. 이제 한국 호랑이의 흔적은 러시아의 시베리아 호랑이에게서 찾을 수밖에 없는 실정이에요.

　당시 일본은 사람들에게 위험하므로 호랑이를 사냥하는 거라고 했습니다. 야생 동물, 특히 호랑이와 같은 맹수는 사람에게 위험할 수도 있는 동물이죠. 그렇다고 이들 개체를 모조리 없애는 것은 더 위험한 일이에요. 인류는 생태계에서 독보적인 진화를 거듭한 종이기도 하지만 우리만으로도 잘 살 수 있다는 착각에 빠졌던 게 아닐까요? 중요한 결과를 계산하지 못했어요. 세상은 서로 긴밀하게 연결되어 있다는 것을 몰랐던 겁니다. 인간끼리만 잘살 수 있었다면 이제 와서 부랴부랴 생태계 복원을 할 이유가 없습니다. 인간에게 위협이 되는 반달가슴곰도 지리산에 풀어놓을 이유가 없을 거예요.

　야생 호랑이는 97퍼센트가 지구에서 사라졌어요. 이제 호랑이에 따라붙는 수식어는 '멸종 위기 I급 종'입니다. 우리나라뿐만 아니라 세계적으로도 호랑이는 더는 세상에 없는 동물이 되어가고 있습니다.

　호랑이는 왜 사라지고 있을까요? 옛날이야기를 보면 자신의 용맹함을 증명하기 위해 호랑이를 맨손으로 때려잡는다는 이야기가 있어요. 그러나 인류가 살상용 무기를 만들고부터는 더욱 쉽게 야생 동물을 사냥할 수 있게 되었습니다. 호랑이를 밀렵하고 불법으로 거래하거나 심지어 약으로 쓰기도 했습

　　　　　　　미래 세대를 위한 채식과 동물권 이야기

니다. 호랑이 가죽을 벗겨 벽에 거는 것으로 높은 신분을 과시하기도 했어요. 인류의 무분별한 개발로 서식지도 파괴되고 먹잇감까지 줄어든 판에, 호랑이는 인간의 손에 죽임당해야 했습니다. 어떤 이유든 간에 인간의 욕심을 위해 호랑이들이 희생되었다는 사실이에요.

곰을 사육하는 것처럼 중국에서는 호랑이 농장을 만들었어요. 농장에서는 사육한 호랑이들을 죽여 뼈나 생식기까지 술병에 담았습니다. 호랑이 뼈와 생식기가 건강에 좋다고 믿는 사람이 많을수록 이렇게 죽어 가는 호랑이가 많았습니다. 국제 사회의 비난을 받자 중국은 결국 호랑이 거래를 법으로 금지했어요. 그렇다고 호랑이를 포기한 게 아니랍니다.

야생 호랑이를 보호한다면서 인위적으로 사육하고 번식시키는 '호랑이 공원'을 만들었습니다. 멸종을 부추긴 인간이, 멸종을 막겠다고 공원을 만든 거예요. 언뜻 보면 공원 같지만 사실상 농장이에요. 이전의 농장이 이름만 공원으로 바뀌었습니다. 아직도 중국에서 운영되는 호랑이 공원은 200 군데에 달해요. 전체 호랑이 개체 수는 5,000마리로 늘면서, 전 세계의 야생에 흩어져 사는 호랑이 수보다 더 많아졌습니다.

중국 최대 규모의 어느 호랑이 공원에서는 호랑이 1,500마리와 곰 500마리, 원숭이 수백 마리가 함께 사육되고 있어요.

멸종을 막겠다는 이유로 만들어진 공원이지만, 호랑이들은 갈비뼈가 앙상한 채로 곰과 뒤섞여 살아요. 야생에서라면 곰과 호랑이는 막강한 포식자이자 서로 경쟁 대상이기도 합니다. 하지만 이 공원에는 경쟁할 만한 먹이 동물이 없습니다. 공원에서 주는 대로 먹고살기 때문이에요.

이들이 자유롭게 활동할 수 있으면 다행이겠지만 호랑이는 조련사가 시키는 대로만 움직여야 합니다. 불타는 링을 통과하는 묘기를 부리기도 해요. 둥근 공 위에서 중심을 잡고 서야 합니다. 숲의 제왕 호랑이는 관람객을 위한 공연 동물이 되었습니다. 유전자에 새겨진 야생성을 길들이려면 잔혹한 훈련이 있어야 합니다. 호랑이가 처음부터 말을 잘 들었을 리는 없습니다. 우리가 그 과정까지 볼 수 없으므로 그저 호랑이가 순하게 사람과 친한 줄만 압니다. 공연하는 호랑이는 즐거울까요? 사람들이 환호해 주면 더 힘이 날까요?

관람객이 많을 때는 볼거리를 더 늘리기도 합니다. 배고픈 호랑이의 우리에 살아 있는 소를 넣어 잡아먹게 합니다. 야생성을 부추기는 거예요. 그런데 아무리 날카로운 송곳니를 가진 호랑이라 해도 사람 손에 다뤄지면 야생성을 잃어버리기 쉽습니다. 단 한 번으로 먹이 동물의 숨을 끊어야 하는데 그러지 못합니다. 배는 고픈데, 힘이 없습니다. 호랑이는 호랑이대

미래 세대를 위한 채식과 동물권 이야기

로 먹이 사냥 쇼가 힘들고 소는 소대로 고통스럽습니다. 피는 낭자한데 소는 숨이 끊어지지 않아 고통의 시간만 흐릅니다. 이를 즐기는 관람객이 아직도 많으므로 공연은 멈추지 않아요. 결국, 용맹스러운 호랑이 대신 조련사가 소를 죽이면서 쇼는 끝납니다.

이곳 호랑이들은 단 한 마리도 야생으로 돌아가지 못하고 있어요. 동물의 멸종을 막고 동물을 보호한다는 것은, 생태계의 질서를 안정화한다는 데 의미가 있습니다. 농장에서만 늘어난 동물의 수는 생태계에 아무런 도움이 되지 못해요. 오히려 동물이 원하지 않는 삶을 살게 됩니다. 인간의 손이 닿으면 결국 동물의 세계는 고통 범벅이 돼 버려요. 호랑이를 공원에서만 키우는 것이 보호일까요? 곰을 철창에 가두는 것, 돌고래를 수족관에서만 헤엄치게 하는 것이 보호일까요? 황제펭귄이 춥지 않게 따뜻한 나라에서 키운다면 그것이 동물 보호일까요?

호랑이를 보호하고자 공원을 만들었다는 중국 정부가 이제는 다른 논리를 대고 있어요. 호랑이를 약재로 쓰는 것은 전통의학이라서 호랑이 이용은 타당하다는 겁니다. 농장에서 번식시킨 호랑이 고기와 가죽 거래를 합법화하면 오히려 야생 호랑이의 밀렵을 줄일 수 있다는 얘기까지 해요. 야생 호랑이를 보호하기 위해 밀렵을 안 하면 될 것을, 밀렵을 줄이기 위해 농장에서 호랑이를 번식시키고 죽이겠다는 것입니다.

호랑이를 비롯해 세상에는 인간의 손에 죽어 가는 동물들이 너무도 많습니다. 인간이 할 일이 없어서 동물을 죽이는 것이 아니에요. 수요가 있기 때문입니다. 돈이 되기 때문이에요. 호랑이를 보겠다는 사람, 호랑이 쇼를 즐거워하는 사람, 호랑이 고기와 뼈로 담근 술을 맛보겠다는 사람, 가죽을 통째로 거실에 걸어 자랑하고 싶은 사람이 세상에는 아직도 많기 때문이에요. 중국의 이런 관광 코스가 한국인에게 더욱 인기 있다고 합니다. 호랑이뿐만 아니라 희귀한 야생 동물을 재료로 한 약이 인간을 건강하게 해 준다고 믿습니다. 우리의 건강은 다른 동물이 책임져 주지 않아요. 오로지 건강한 마음과 신체 활동에 달려 있습니다.

호랑이 공원에서 태어나고 죽는 호랑이는 자연에서 진화하며 키워 왔던 힘을 잃어버렸습니다. 숲의 제왕은 서커스 동물이 되어 버렸습니다. 자연에서 생활하는 용맹스러운 호랑이는 어쩌면 우리의 옛날이야기에만 존재하는지도 모르겠습니다.

3장

풍요와 빈곤

1 플라스틱 지구

　인류의 무분별한 개발과 산업화 때문에 기후가 변화하고, 공장식 축산 시설과 동물 착취로 생태계의 질서가 사라지고 있습니다. 이들 문제의 공통점은 근시안으로 판단한 결과라는 거예요. 멀리 보지 못하고 당장의 편리함과 이익만 생각했어요. 그러면 언젠가는 더 큰 문제가 터진다는 것을 우리는 깨달아 가고 있습니다.

　모든 것에 장점만 있을 수는 없어요. 단점만 있는 것도 없습니다. 그런데도 현명한 선택의 기준은, 단점을 최소화하고 장점을 활용할 수 있는가를 잘 따지는 거예요. 지구를 뒤덮고 있는 플라스틱 문제도 마찬가지예요. '1인당 플라스틱 배출량 세계 최고 수준'이 대한민국의 현실입니다. 푸른 별 지구는 플라스틱 행성이 되어가고 있습니다.

　플라스틱은 인류의 획기적인 발명품이에요. 값싸고 편리합니다. 어떤 모양이든 쉽게 만들 수 있어요. 가벼워서 이동도 자

　　　　　　　　　　　미래 세대를 위한 채식과 동물권 이야기

유롭습니다. 우리의 시선을 잠깐만 옮겨 보아도 플라스틱은 어디에나 있습니다. 이미 우리의 세상을 점령한 듯 보입니다. 이렇게 가까이, 우리와 너무도 밀접한 플라스틱이 어째서 지구의 고통이 되고 있을까요?

플라스틱을 사용할 때는 너무도 편리하지만, 버려지고 나면 얘기가 달라집니다. 남극의 펭귄이 먹고사는 눈에서도 플라스틱이 발견되고 있으니까요.

플라스틱이 위험한 이유는 자연 상태에서 쉽게 분해되지 않는다는 거예요. 수백 년 동안 존재할 수 있으니 인간의 삶으로 환산하자면 영구적인 존재라고 할 수 있어요. 그 막강한 플라스틱은 썩지도 않은 채 환경을 오염시킵니다. 수도꼭지만 틀면 깨끗한 물을 쓸 수 있으니 환경 오염이 나와 무슨 상관인지 잘 모를 수도 있어요. 그러나 우리가 편리하게 쓰고 버린 플라스틱은 지구 쓰레기 중 가장 큰 부분을 차지하고 있습니다.

재활용을 잘하면 될까요? 재활용도 가능하지만, 플라스틱 제품은 대부분 여러 가지 재질로 섞여 있어요. 페트병 하나만 보더라도 뚜껑과 몸통의 재질이 다릅니다. 우리가 분리배출하는 대부분의 플라스틱이 복합 재질이에요. 환경을 생각해 깨끗이 씻어 분리배출까지 했는데, 결국 일반 쓰레기로 버려지는 이유이기도 합니다. 정말 힘 빠지는 일이죠. 그렇다고 분리배출을 하지 않으면 아예 재활용 기회조차도 사라져 버립니다. 우리나라는 독일에 이어 분리배출을 잘하는 나라이긴 하지만 생산 단계부터 바뀌지 않으면 소비자의 노력도 헛수고로 돌아가게 됩니다. 기업은 어떤 힘으로 움직인다고 했나요? 기업의 생산 활동을 바꿀 수 있는 것은 우리 소비자밖에 없어요.

재활용이 필요 없을 정도로 평생 쓸 수 있는 제품이라면 얼마나 좋을까요? 단 한 번 쓰고 버려지는 일회용 플라스틱 생산품이 전체의 40퍼센트에 달합니다. 단 몇 분, 몇 시간을 위해 태어난 플라스틱이죠. 왔다가 금방 우리 손을 떠나는 운명이지만 그래도 지구에서는 쉽게 사라지지 않습니다. 지구를 뒤덮고 있습니다.

일회용은 대부분 배달 음식을 포장하는 데에 많이 쓰입니다. 배달 문화가 발달한 우리나라에서는 선택의 여지가 없어 보입니다. 예전에는 배달을 하더라도 나중에 빈 그릇을 모두 수거해 갔어요. 그런 번거로움을 줄여 주니 일회용은 참 편리해 보입니다. 그런데 이후에 생겨나는 쓰레기 문제는 전혀 생각하지 않았습니다.

코로나19를 겪으면서 포장과 배달은 더욱 많아졌어요. 일회용 플라스틱 용기를 씻어서 다시 쓰는 사람은 거의 없습니다. 그게 아니어도 우리에게는 충분한 그릇들이 있으니까요.

그나마 환경을 생각하는 사람들은 분리배출이라도 잘하려고 노력합니다. 그것마저도 귀찮은 사람들은 일반 쓰레기봉투에 버리기도 합니다. 우리는 어느 쪽인가요?

전 세계 플라스틱 쓰레기 중 매년 800만 톤이 바다로 흘러 갑니다. 재활용, 분리배출, 쓰레기봉투도 전혀 사용하지 않고 그냥 아무 데나 버리는 사람이 많다는 얘기예요. 비가 내리면 물에 휩쓸려 강으로 바다로 둥둥 떠서 흘러가게 돼요. 플라스 틱은 바다 쓰레기의 90퍼센트를 차지하는 양입니다. 바다에 서 눈에 띄는 쓰레기의 대부분이 플라스틱이라고 생각하면 되 겠네요.

플라스틱이 바다까지 가 버리면 재활용은 거의 불가능해집 니다. 재활용 업체도 바다까지 가서 쓰레기를 주워 오지는 않 아요. 부피가 큰 것은 그나마 건져 낼 수 있지만 미세 플라스틱 으로 분해되면 눈에 잘 띄지도 않습니다. 미세 플라스틱은 크 기가 5밀리미터 미만의 작은 조각을 뜻합니다. 플라스틱을 만 드는 재료인 팰릿알갱이의 크기가 5밀리미터여서 그 자체를 가 리키기도 하지만, 우리가 버린 쓰레기들이 잘게 쪼개진 것이 기도 해요. 보통 1마이크로밀리미터에서 5밀리미터까지를 미 세 플라스틱이라고 합니다.

미세 플라스틱은 얼마나 우리 생활에 깊숙이 들어왔을까

요? 마시는 공기 중에도 떠다니고 수돗물에도 섞여 있을 정도입니다. 깨끗한 생수를 사서 마시면 안전할까요? 그런데 생수를 담은 용기 자체가 대부분 플라스틱이잖아요. 게다가 세계적으로 유명한 모든 생수에서도 미세 플라스틱이 검출되고 있습니다. 오히려 생수를 사서 마시는 사람이 수돗물을 마시는 사람보다 훨씬 더 많은 미세 플라스틱을 먹게 됩니다. 돈을 주고 산 물이라고 해서 더 안전한 건 아니었네요. 플라스틱은 더 작은 파편으로 나뉠 뿐 사라지지 않습니다. 입자가 작아질수록 세상 어디든 침투할 수 있다는 얘기가 됩니다.

바다로 간 플라스틱은 햇볕과 바람, 침식 등으로 작아집니다. 바다 생물에게도 해를 입히리라는 건 불 보듯 뻔한 일입니다. 굴과 조개류에서도 미세 플라스틱이 나오고 있어요. 조개류를 먹이로 하는 바다 생물은 더 많은 미세 플라스틱을 먹게 됩니다. 더 큰 어류의 몸에는 더더욱 많은 플라스틱이 차곡차곡 쌓입니다. 그 모든 걸 섭취하는 최상위 포식자인 인간은 가장 많은 플라스틱을 먹게 되겠지요.

지구의 곳곳에 흩어진 플라스틱은 이렇듯 자연 생태계에 가장 먼저 피해를 주고 있습니다. 수많은 동물이 매년 플라스틱 때문에 죽습니다. 동물들은 플라스틱을 먹이로 착각하기도 해요. 땅과 물, 바람과 바위는 동물들의 자연환경이에요. 플라스틱이란 이 동물들에게는 평생 본 적도 없는 외계 물질과 같습니다. 생태계 파괴로 먹을 것이 없어진 동물들이 플라스틱을 먹는다고 하니 정말 가슴 아픈 일이에요. 소화라도 잘된다면 다행이겠지만 그럴 리가 없습니다. 위를 채워 주니 당장 배라도 부를까요? 위 안에 플라스틱이 많아지면 실제 음식을 먹더라도 더는 소화할 수 없게 돼 결국 죽습니다.

스리랑카에서는 쓰레기 처리장에서 코끼리들이 죽은 채로 발견되었습니다. 서식지 파괴로 먹을 것이 없어지니 플라스틱 쓰레기를 먹었던 거예요. 무엇이든 먹지 않으면 안 되는 상황이지만 플라스틱은 코끼리의 음식이 될 수 없습니다. 스페인의 해변에서는 고래가 바닷물에 떠밀려 왔어요. 고래의 배속에서는 29킬로그램의 플라스틱 쓰레기가 나왔습니다. 비닐봉지, 뚜껑, 끈, 그물 조각 등이 위와 창자를 가득 막고 있었어요. 죽은 바닷새를 부검하면 온통 플라스틱 쓰레기로 가득차 있기도 합니다. 먼 나라 얘기만은 아니에요. 우리나라에서도 바다거북이 비닐봉지를 해파리로 착각해 먹다가 질식하기도 합니다. 새들은 플라스틱 쓰레기가 몸을 휘감아 발버둥 치다가 죽어 갑니다. 비닐, 페트병, 밧줄, 그물 조각, 낚싯줄까지 세상의 모든 플라스틱이 바다로 모여 생명을 위협하고 있습니다.

미래 세대를 위한 채식과 동물권 이야기

플라스틱 쓰레기는 당연히 인류에게도 해가 됩니다. 많은 부자 나라에서는 가난한 나라에 플라스틱 쓰레기를 수출하고 있어요. 말은 수출이지만 돈을 주고 쓰레기를 보내는 거예요. 쓰레기가 필요한 사람은 없습니다. 그러나 가난한 나라에서는 그 돈이라도 필요하니 플라스틱 쓰레기를 떠안아요. 재활용할 시설은 없어요. 그냥 태웁니다. 추운 겨울에는 땔감이 없어 플라스틱을 태워 추위를 이겨 보려 합니다. 플라스틱을 태우면 검은 연기가 나니 독성 물질에 그대로 노출됩니다. 기침을 하면 검은 그을음이 나오기도 합니다.

이런 쓰레기 더미에서 아이들이 놀고 배고픈 동물들은 먹이를 찾습니다. 타다 만 플라스틱은 배수구 등을 막아 홍수를 일으키기도 하고, 질병을 옮기는 해충의 번식장이 되기도 해요. 가난한 나라에서는 플라스틱 쓰레기로 매년 최소 100만 명이 생명의 위협을 받고 있습니다. 플라스틱에 뒤덮인 지구는 숨을 쉬지 못해 죽어 가고 있습니다.

2 　소비를 부추기는 사회

　아주 먼 옛날, 우리가 살아 본 적은 없지만 문명 이전을 상상해 볼까요? 그때는 가족과 부족 단위로만 움직였어요. 무리 생활을 하는 사자나 유인원처럼 인간도 야생 동물과 크게 다르지 않았습니다. 소비라는 개념도 없었습니다. 개념 자체가 없으니 소비를 권할 필요도 없습니다. 누구 하나가 아파서 사냥을 못 한다고 해서 공동체 전체가 마비되지는 않습니다. 그를 대신해서 사냥하는 것, 그게 다예요. 무언가를 더 갖거나 소유를 부추기는 것은 아무런 도움도 되지 않았을 거예요.

　디드로 효과Diderot effect라는 말이 있어요. 프랑스 철학자인 드니 디드로Denis Diderot, 1713~1784의 이름에서 따온 말입니다. 디드로는 친구에게서 선물 받은 멋진 가운을 서재에 걸어 두었답니다. 그런데 점점 주변의 물건들이 낡고 초라해 보이기 시작했어요. 결국, 책상, 의자, 시계까지 모두 바꾸었습니다. 새로운 물건을 갖게 되면 그와 어울리는 것들을 더 갖고 싶어

하는 심리를 디드로 효과라고 합니다. 그래야 심리적으로 안정감을 느낀다는 것으로 소비 욕구를 설명하고 있습니다. 소비 욕구는 계속 자극되고 그 게임에 한 번 휘말리면 끝을 보기가 힘들 정도예요. 오죽하면 쇼핑 중독을 질병이나 질환으로 여길까요?

세상은 소비하지 않고는 살기 힘든 구조가 되었어요. 소비는 거의 필수입니다. 우리는 지나친 소비를 합니다. 새 물건에 대한 열망이 크고, 이전 것은 과감히 버려요. 멀쩡한 것들도 별 고민 없이 버리기 때문에 분리배출 장소에 나가 보면 한 집 살림을 채울만 한 물건들로 가득합니다.

일부 의류 생산업체는 한 해에 팔고 남은 옷이 있으면 모두 폐기 처분하기도 합니다. 연말 할인 행사로 팔지도 않고 왜 폐기 처분을 할까요? 싸게 팔면 브랜드 가치가 떨어지기 때문이에요. 싸게 살 수도 있는 브랜드라 생각하기 때문에 사람들이 선호하지 않게 된답니다. 그래서 할인하지 않는 브랜드라는 것을 자랑으로 내세우기도 해요. 결국, 사람들은 물건을 싸게 구입하는 것을 좋아하기도 하지만 아니기도 하다는 결론이네요. 인간의 심리는 정말 복잡합니다.

장사하는 사람은 이런 소비 심리를 잘 이용합니다. 중요한 건 우리의 소비 행태입니다. 싸고 비싸고, 브랜드가 있고 없고의 차이를 중요하게 여기지 않는다면 불필요한 생산과 쓰레기로 버려지는 과정은 모두 사라질 거예요.

우리나라는 세계에서 명품 소비 1위 국가예요. 다른 나라보다 외모를 중요시하는 것이 한국의 특징이기도 합니다. 경제적으로 성공하고자 하는 욕구가 강하기도 합니다. 명품 소비는 이런 욕구를 압축적으로 보여 주는 수단입니다. 남들의 몇 달 월급에 해당하는 명품 가방을 들었을 때 '나는 이 정도로 대단한 사람'이라는 자아가 생깁니다. 자신을 그렇게 생각하듯 남들도 그렇게 봐 주리라고 기대해요. 명품을 갖지 않은 사람조차도 남들이 명품 소비를 과시하는 것에 대해 그리 부정적이지도 않습니다. 돈이 없어서 못 사지, 돈만 있으면 뭘 못 하겠냐는 마음이지요. 심지어는 명품 가방을 담았던 종이 쇼핑백도 몇만 원씩에 거래됩니다. 명품을 샀던 사람처럼, 명품을 가진 사람처럼, 종이 쇼핑백으로나마 보여 주고 싶어 합니다.

소위 명품이라고 하는 브랜드의 가격이 오를수록 소비자들의 욕구는 더 커져요. 그만큼 자신이 더 능력 있는 사람이 된다고 여길 수 있으니까요. 이 심리를 이용해 명품 브랜드는 계속해서 가격을 올립니다. 같은 브랜드라도 다른 나라보다 우리나라가 더 비쌀 때도 있습니다. 공정하지 않지만 더 중요한 것은 그것이 얼마나 비싼 것이냐는 거예요. 심지어는 구매 이력

미래 세대를 위한 채식과 동물권 이야기

이 있어야만 재구매 자격을 주기도 해요. 그럴수록 명품 브랜드 회원은 자신이 특별한 그룹에 속해 있다고 생각합니다.

　미국의 한 여론조사 기관에서 17개국 성인 1만 9천 명을 대상으로 설문 조사를 했어요. '나의 삶을 의미 있게 만드는 가치'에 대해 물었습니다. 이 설문 조사에서 유일하게 우리나라만 '물질적 풍요'를 1위로 꼽았어요. 반면 17개국 중 14개국이 '가족'을 1위로 선택했습니다. 가족 38퍼센트, 직업 25퍼센트, 물질적 풍요 19퍼센트로 순위가 나왔어요.

　명품으로 치장하는 것보다, 나 자신이 명품이 되면 다른 것은 아무 필요도 없게 됩니다. 티셔츠에 면바지만 입어도 스스로 넉넉하고 여유가 있습니다. 우리나라가 명품 소비 1위라는 말이, 세계에서 경제 대국 1위라는 뜻은 아니에요. 건강하고 행복한 1위 국가라는 말은 더욱 아닙니다.

　적절한 소비가 세상의 흐름을 원활하게 하는 건 분명해요. 그러나 과하거나 불필요한 소비, 과시욕이 부른 무리한 소비, 쉽게 사고 쉽게 버리는 소비 행태는 나와 지구에도 이로운 방식이 아닙니다. 어쩌면 가장 불안정한 사회의 모습일지도 모릅니다.

3   생명의 다른 이름들

자신을 과시하는 방식은 옛날부터 존재했습니다. 동물적인 본성과 연결되어 있기 때문이에요. 그것은 결핍과 다르지 않습니다. 고양이가 적을 만나면 털을 부풀리는 것, 곰이 두 발로 서서 큰 덩치를 보여 주는 것, 날카로운 이빨을 드러내는 것 등은 모두 상대를 제압하고자 하는 마음입니다. 한편 자신의 두려움이기도 해요. 과장해서라도 나의 힘을 보여 주겠다는 심리입니다. 인간도 다르지 않아요. 우리 모두에게는 자신만의 결핍이 있고 그 결핍을 나름의 방식으로 포장합니다. 그것은 자연스럽습니다.

그러나 결핍을 포장할 때 다른 생명을 희생해야 한다면 그것은 다시 생각해 보아야 할 문제입니다. 이 또한 우리의 소비와 관련 있습니다.

옛날에는 모피 코트가 귀부인들의 상징이었어요. 모피란 동물의 털과 가죽을 뜻합니다. 툰드라 유목민들이 순록 가죽

옷을 입는다고 부를 과시하는 건 아니에요. 툰드라에서는 동물의 털옷을 입지 않으면 극한의 추위를 견딜 수가 없습니다. 순록 털신발을 신는다고 자신을 뽐내며 다니는 건 아니랍니다. 이들에게는 순록에게서 얻은 고마운 부산물입니다.

그러나 모피로 표현되는 값비싼 털옷에는 100여 종의 동물들 이름이 가려져 있습니다. 여우, 밍크, 담비, 라쿤, 토끼, 바다표범, 물개 등이지요. 이들은 주로 고급 백화점에서 팔립니다. 예전만 해도 사모님 패션이라는 표현이 있을 정도로 소비 연령층이 높았지만, 요즘은 30대 젊은 층에서 소비가 계속 늘고 있답니다.

코트 한 벌을 위해 50마리에서 200마리의 밍크가 죽습니다. 족제빗과의 밍크는 어떤 사람에게는 사랑스러운 생명체이지만 어떤 사람에게는 값비싼 털옷이 되기도 합니다. 밍크가 수명을 다할 때까지 기다렸다가 조용히 가죽을 벗겨내는 게 아니에요. 숲과 개울을 돌아다니며 밍크를 찾아내는 것도 아니고, 농장에서 대량으로 사육을 합니다. 산업화 이후 거의 모든 동물은 농장이라는 인간의 시스템 속에 살고 있다고 봐도 무방해요. 밍크 농장에서는 산 채로 가죽을 벗기거나, 가죽을 연하게 한다고 죽기 직전까지 때리기도 합니다. 이런 잔인함 때문에 동물 보호 단체에서는 동물의 고통이라도 최소화하라고

요구하지만 잘 지켜지지 않습니다. 아직도 멈추지 않는 관행입니다. 모피를 소비하는 사람들이 있는 한 이 과정은 계속될 수 있습니다.

여우 또한 비슷한 과정을 겪습니다. 옛날 영화를 보면 귀부인들이 우아한 자태를 뽐내며 모피 코트나 여우 목도리를 두른 장면이 많아요. 툰드라만큼 춥지 않은데도 부를 과시하려고 코트와 목도리가 필요했던 거예요. 이를 부러워하는 사람들이 있기에 여우 목도리는 훌륭한 과시 수단이지요. 만약 잔인함의 상징으로 보이기 시작한다면 과시와 부러움은 부끄러움으로 바뀔 것입니다.

소가죽 제품도 마찬가지입니다. 가죽이 부드러울수록 명품이라고 여기는 사람들 때문에 소들은 6개월도 안 돼 가죽을 빼앗기고 죽어요. 어린 동물의 고기가 연하기 때문에 맛있다고 하는 것처럼, 가죽 제품도 이와 다르지 않습니다. 명품 가방은 확실히 오래 쓸 수 있어서 좋다고 말하는 사람도 있어요. 인류의 기술은 이미 충분히 오래 쓸 수 있는 제품을 잘 만들어 내고 있습니다. 평생을 써도 닳아 없어지지 않지요. 그게 반드시 가죽이어야만 가능한 것도 아니에요.

송치 가죽이라고 불리는 제품도 있습니다. 털을 조금 남긴 상태로 가공한 가죽을 일컫습니다. 생후 1년 미만 송아지 가죽이에요. 고급 옷과 신발, 가방에 사용되죠. 송치 가죽으로 만든 신발을 신고, 가방을 메고 다니면서도 우리는 어미 소의 눈물과 송아지의 죽음을 알지 못합니다.

털옷과 가죽 제품에만 동물의 고통이 있는 게 아니에요. 흔한 겨울 모자, 목도리, 털 열쇠고리 등에도 동물들이 희생되고 있습니다. 울, 앙고라, 캐시미어, 다운, 구스는 각각 양, 토끼, 산양, 오리, 거위의 다른 이름이에요.

동물의 죽음으로 치장하는 사람이 멋있어 보일까요? 생명의 고통을 알고도 무시한다면 지각 능력이 있는 인간이라고 말할 수 있을까요? 인간이 인간답다는 것은 다른 생명 또한 나와 다르지 않다는 것을 아는 데에서 시작합니다.

4 음식 쓰레기와 굶주림

우리나라가 매우 빠른 속도로 경제 성장을 이루면서 달라진 것은 한둘이 아닙니다. 그러나 너무 빠른 속도 때문인지 사람들의 의식까지 함께 성장하지 못했다는 비판을 받기도 합니다. 지나친 소비, 외모에 더 가치를 두는 사회 인식이 그 예입니다. 적절한 소비는 필요하지만 불필요하거나 과했을 때 전 지구적으로도 유익할 리 없다는 것을 우리는 압니다. 그중 음식에 대한 얘기도 결코 지나칠 수 없습니다.

우리에게 익숙한 문화에 대해서는 고민 없이 받아들이는 경우가 많습니다. 그만큼 우리의 생각과 문화는 하나로 뒤섞여 움직이고 있어요. 반면 우리 문화에 익숙하지 않은 사람이 한국 문화를 보면 상대적으로 낯설게 보기도 합니다. 우리가 고민해 보지 않았던 것들을 분명하게 보여 주기도 합니다. 외국인 친구가 한국에 와서 "한국인들은 먹고 마시고 쇼핑하는 것을 삶의 행복이라고 생각하는 것 같다"고 했던 적이 있습니다.

우리가 열심히 일한 대가로 받는 돈을, 먹고 마시고 쇼핑하는 데에 쓰며 이걸 행복이라고 느낀다는 거예요. 많은 사람이 원 없이 그렇게 살 수만 있다면 얼마나 좋을까 생각하기도 할 거예요. 자연스러운 본성일 수도 있지만, 외국인의 눈에 비친 한국인은 다소 과하다는 인상을 주었던 것입니다. 특히 한국의 먹방을 보고 놀랐다고 해요. 다 먹지도 못할 만큼 많이 차려 놓고 게걸스럽게 먹으며 엄지 척을 치켜세운다는 것입니다. 우리에게는 익숙한 풍경인데, 왜 이상해 보일까요?

우리나라는 푸짐한 상차림을 미덕으로 여깁니다. 테이블에 다 올릴 수 없을 만큼 음식이 넘치는 걸 좋아해요. 오죽하면 '상다리 부러지도록'이라는 표현이 있을까요? 실제로 그걸 다 먹을 수 있을지 없을지는 중요하지 않아요. 나에게 푸짐한 음식이 주어진 그 행복한 시간이 중요합니다. 그 행복감 이전에 더 중요한 것을 잊고 있는 건 아닐까요?

우선 사회적으로는, 버려지는 음식 쓰레기의 양이 엄청나다는 거예요. 단 하루에 버려지는 음식이 1만 5천 톤에 달합니다. 우리가 흔히 보는 트럭 1만 대 정도의 양입니다. 대부분은 일반 가정이나 소형 음식점에서 나오는 거예요. 이것도 매년 늘고 있습니다. 경제적 손실은 연간 20조 원, 음식물 쓰레기를 처리하는 비용만도 8천억 원에 달하고 있어요. 분리배출로 재

미래 세대를 위한 채식과 동물권 이야기

활용이 가능하지만, 우리나라의 음식물은 수분이 많아서 많은 양이 폐수로 버려져 수질 오염도 걱정입니다. 그러니 문제를 만들어서 해결할 것이 아니라 문제 자체를 만들지 않는 것이 더 중요합니다.

이 음식들은 우리 앞에 그냥 오지 않습니다. 수많은 사람이 일 년 내내 농사지어야만 한 알 한 알의 곡식으로 영글어요. 음식을 이루는 갖가지 재료와 양념들도 각각의 때를 기다려 수확됩니다. 한 끼 식사는 우리를 움직이게 해 주는 중요한 에너지가 됩니다. 다른 사람들의 땀과 노동이 있었기에 그 무엇보다 귀합니다. 그래서 소중하게 받고 맛있게 먹고 감사하는 마음으로 식사를 마치도록 우리는 배웠어요.

그런데 너무 많은 음식을 탐하는 것은 그 가치를 가볍게 만듭니다. 소위 먹방 유튜버가 인기 있는 세상이지요. 소중한 것을 가치 있게 볼 줄 아는 사람이라면 웃으며 볼 수만은 없습니다. 건강에도 좋을 리 없고, 많이 먹는다고 더 많은 일을 해내는 것도 아닙니다. 음식이라는 우리 삶의 소중한 원동력을 오락으로 소비하는 것은 정말 부끄러운 일입니다. 불필요한 생산을 더욱 부추긴다는 면에서 사회적인 큰 낭비이기도 합니다.

고기를 값싸고 푸짐하게 먹을 수 있는 세상이 되었기 때문에 어떤 사람은 행복할지도 모릅니다. 이렇게 많은 사람이 배부른 삶을 살게 되었는데도 아직 지구의 8억 7천만 인구가 극심한 굶주림으로 고통받고 있습니다.

지구에는 80억 명이 살고 있어요. 식량은 100억 명이 먹을 수 있는 정도가 생산됩니다. 지구의 모든 사람이 충분히 먹고도 남을 양입니다. 이중 30억 명 분은 그냥 버려집니다. 버려지는 음식을 나눈다면 세상에는 배고픈 사람들이 없을 거예요. 너무도 간단한 계산입니다. 지구는 누구에게나 공평한 땅입니다. 한쪽은 배부르고 다른 한쪽은 굶어야 한다면 공평하지 않은 세상이에요.

음식은 다양한 이유로 버려지고 있습니다. 크기가 작거나 일정하지 않은 채소들은 아예 유통조차 안 되고 버려져요. 포장이 찌그러져도 버리고, 유통 기한이 지나면 무조건 버려요. 이제 유통 기한 대신 소비 기한을 표기하게 되어서 다행이지만 그래도 기한을 하루라도 넘기면 버리는 걸 당연하게 여기는 사람이 많습니다. 실제로 집에서 요리를 해 보면 상품에 표기된 기한보다 훨씬 더 오래 섭취할 수 있어요.

마트에서의 화려한 진열과 묶음 포장, 행사 가격에 혹해 무조건 많이 사 왔다가 냉장고에서 그냥 썩어가는 음식도 많습니다. 처음부터 음식을 버리려고 사는 사람은 없어요. 버리는 사람도 아까운 마음은 들 거예요. 그러니 처음부터 적당한 소비가 필요합니다. 배고파서 냉장고를 열어 보는 게 아니라 심심해서 열어 보던 습관, 또 새로운 음식으로 냉장고를 채워 가던 습관을 버리도록 노력해야 합니다.

음식 쓰레기가 우리의 땅과 물, 생물 다양성, 세계 기후에까지 악영향을 끼치고 있습니다. 매립지로 간 음식물 쓰레기는 땅속에서 압축되며 메탄가스를 발생시킵니다. 매우 빠른 속도로 지구에 열을 올리는 온실가스인 메탄은 이런 무심한 습관에서도 발생하고 있습니다. 우리가 음식에 대한 욕심을 멈추지 않는다면 지구의 멸종을 더욱 앞당길 것입니다. 음식 욕심 좀 냈다고 지구의 멸종까지 얘기하는 것이 이상한가요? 그러나 이제 우리는 충분히 연결지어 생각할 수 있습니다. 결국, 음식 쓰레기를 만든다는 것은, 돈 버리고 음식 버리고 지구를 병들게 하는 나쁜 습관 3종 세트입니다.

먹고 마시고 쇼핑하는 것이 아니라 소중한 사람들과 차 한 잔을 마시며 이야기를 나누는 것, 이것이 행복이 아닐까요?

5   스마트한데 패스트하기까지?

과거 몇백 년의 변화보다 근래 10년의 변화 속도는 월등히 빠릅니다. 10여 년 전만 해도 배낭여행에서 세계의 많은 여행자를 만나 누구나 쉽게 친구가 되었어요. 여행지에 대한 감상, 정보를 나누기도 했고 처음 만난 사람들끼리도 오랜 친구처럼 식사를 함께 했습니다. 그러나 10여 년이 지난 지금 그러한 풍속도는 완전히 사라졌어요. 여행자들끼리 서로 대화를 나누지 않습니다. 모두의 손에 스마트폰이 있기 때문이에요. 여행지의 사람들과 더는 친구가 되지 않아요. SNS Social Network Service에 사진을 올리느라 바쁩니다. 여행을 왔으면서도 우리의 마음은 원래의 자리에 머물러 있습니다. 우리는 지구 안에서 하나로 연결되어 있으면서도 홀로 고립되는 쪽을 택해 가고 있습니다.

아이들도 스마트폰 세상에 빠져 있어요. 우는 아기에게 장난감처럼 스마트폰을 쥐어 주면 울음을 그칠 정도이니까요.

미래 세대를 위한 채식과 동물권 이야기

성인, 청소년, 아기들까지 스마트폰에서 모든 것을 찾습니다. 그런데 정작 스마트폰은 지구에 전혀 '스마트smart'하지 않은 발명품이에요. 오히려 공정하지 않은 세상을 주도하는 듯 보입니다.

스마트폰은 환경을 파괴합니다. 배터리를 만들기 위해서는 리튬 채굴이 필수인데, 지하수가 오염되는 것은 물론이고 땅을 파내는 작업이다 보니 멸종 위기 식물에까지 해를 입히게 됩니다. 스마트폰이 환경을 오염시키고 탄소를 배출하는 것은 대부분 제조 과정에서 발생해요. 모두가 스마트폰으로 소통하는 세상이니 혼자만 안 쓰기도 어렵습니다. 설상가상 재활용도 거의 이뤄지지 않고 있어요. 고장이 나면 수리해서 쓰는 사람보다 새 걸로 바꾸는 사람이 더 많으니까요. 매년 더욱 새로운 기능이 추가되고, 신상품을 대폭 지원한다는 마케팅이 판을 치고 있기 때문입니다. 더 좋은 걸 갖고 싶은 소비자들의 욕구도 한몫합니다.

스마트폰은 모든 과정에서 전자 폐기물을 대량으로 발생시킵니다. 그리고 환경 오염을 가속하는 주범이 됩니다. 이 작은 스마트폰이 전 세계에서 버려지는 전자 폐기물의 10퍼센트를 차지할 정도니까요. 이 폐기물 또한 부자 나라에서 가난한 나라로 넘어갑니다. 가난한 나라 사람들은 스마트폰 쓰레기를 떠안는 순간 수은과 납, 카드뮴 등 독성 물질에서 자유로울 수 없어요. 그런데도 어쩔 수가 없습니다. 가난은 다른 선택지를 주지 않습니다.

사람들이 스마트폰을 빨리 바꿀수록 전자 폐기물은 더욱 많아집니다. 우리나라는 특히 교체 주기가 짧습니다. 그러나 기후 위기를 막으려면 필요한 교체 외에는 최대한 오래 쓰는 습관이 필요합니다. 스마트폰 등 전자제품의 수명을 1년 연장해서 사용하면 자동차 200만 대의 운행을 중지한 결과와 같다는 연구 결과도 있어요. 가장 '스마트'한 스마트폰 사용법은 '오래 쓰는 것'이에요. 말로만 스마트한 세상이 아니라 지구를 위한 실천도 더 스마트해졌으면 좋겠습니다.

많은 것이 기계화된 덕분에 세상은 더욱 가파르게 경제 성장을 이루고 있지요. 동물과 식물도 기계화된 시스템으로 다루고, 세상 어디에 있든 빛의 속도로 소통이 가능합니다. 인류가 손수 하던 많은 일을 기계가 대신해 주고 있는데 우리는 더 시간이 없다고 말합니다. 하루하루는 더욱 빠르고 긴장감 있게 돌아갑니다.

기후도 '변화'보다는 '위기'라는 표현이 더 적절합니다. 그만큼 지구의 하루하루가 급박한 상황이라는 것을 보여 주고 있어요. 우리는 지구인으로 살면서도 나와 지구는 아무 관계가 없는 것처럼 여기고 있습니다. 마치 물과 공기의 고마움을 모르듯이 말이에요. 한 끼만 굶어도 힘없다고 말하는 사람도 많지만, 단 1분이라도 숨을 쉬지 않는다면 우리는 생존의 위협을 느낍니다. 단식은 한 달 이상도 가능하지만 이때도 물은 필수예요. 기후 위기는 우리가 마시는 물과 공기까지 바꾸고 있습니다. 최소한의 생존을 위협하고 있는 겁니다.

한 사람이 10년 동안 마시는 물은 7,500리터 정도예요. 이 물은 청바지 한 벌을 만들면 사라집니다. 소고기 1킬로그램이 나오기까지 얼마나 많은 물이 필요한지, 청바지 한 벌을 만들기 위해 얼마나 많은 물을 낭비하고 있는지, 우리의 풍요로운 세상 뒤에 숨어 있는 민낯입니다. 게다가 지구상에서 1년 동안 새로 만들어지는 옷은 약 1천억 벌이에요. 주문을 하면 바로 먹을 수 있는 패스트푸드fast food처럼 최신 유행하는 옷을 쉽게 살 수 있어서 패스트 패션fast fashion이라고 불러요. 요즘 패션의 대세입니다. 이 중 30퍼센트는 폐기 처리됩니다. 음식물이 버려지는 것과 비슷한 수치예요. 플라스틱 쓰레기가 가난한 나라에 버려지는 것처럼 의류 폐기물도 가난한 나라로 가서 쓰레기 산이 됩니다. 재활용함에 옷을 넣을 때 재활용이 될 거로 생각합니다. 그러나 매립지로 가는 비율에 비하면 재활용이 되는 옷은 극히 미약해요.

남미의 칠레에는 일명 '사막의 쓰레기 옷 산'이 만들어졌어요. 옷들은 대부분 중국과 방글라데시의 공장에서 생산이 되고 미국, 유럽 등 소비 국가를 거칩니다. 그러다 칠레에 도착해 일부는 유통되지만, 매년 4만 톤 가까이 그대로 사막에 버려져요. 대부분 합성 섬유인데다 화학 약품 처리까지 되어 있어서 자연에서 분해되려면 수백 년이 걸립니다. 건조한 땅이라 옷들은 썩지도 않습니다. 몇백 년 동안 옷들은 그 땅에 그대로 살아 있을 거예요.

세상의 온갖 쓰레기가 땅속에, 땅 위에, 물속에, 물 위에 가득한데도 대량 생산과 대량 폐기는 멈추지 않습니다. 겉으로 보이는 세상은 첨단을 달리지만, 지구는 쓰레기로 몸살을 앓고 있어요. 지금도 공장의 연기는 하늘을 덮고 있습니다. 우리는 그 하늘 아래서 호흡하고 있습니다.

경제 성장이라는 달콤한 말은 우리 모두를 부자로 만들어 줄 것 같았지요. 그러나 인간 세상의 불균형은 더욱 심해졌습니다. 이대로 계속 간다면 인간이 경험해 보지 못한 방식으로 지구와의 거래는 끝이 날 거예요. 동물과 식물 생태계도 조화롭지 않습니다. 성장이 우리를 행복하게 해 줄 것이라는 믿음은 너무도 단단합니다. 지구가 멸망하고 나서야 그 믿음이 깨질까요? 우리가 조금이라도 현명하다면 동물과 생태계를 착취하던 방식을 멈추는 것만이 우리 자신을 살리는 길임을 알 것입니다. 어른, 아이, 여성, 남성, 세계의 어느 나라 사람이라 하더라도 지구에 발을 딛고 산다면 이 요구에 응답해야 합니다.

세상은 정말 빠르게 변하고 있어요. 이 속도에 맞추지 못하면 세상의 낙오자가 되는 기분까지 듭니다. 그럴수록 더 바쁘게 정신없이 움직입니다. 이렇게 해서 우리가 더 행복해지고 있다면 다행이에요. 그러나 2023년 기준 경제 대국 10위의 대한민국 행복 순위는 57위입니다. 우리의 행복은 정말 어디에 있는 걸까요?

제3부
미래, 다시 지구의 품으로

1 건강한 소비자가 세상을 바꿔요

생산과 소비는 산업화가 낳은 기본 굴레입니다. 만약 산업화 이전으로 돌아갈 수 있다면 생산자는 온전히 대자연의 몫이 될 거예요. 최소한의 자원으로도 우리의 삶을 충분히 유지할 수 있을 거예요. 이 땅에 모든 걸 맡겼던 먼 옛날에는 지구가 이렇게 고통스럽지도 않았습니다. 인류를 제외한 세상의 모든 동물과 식물이, 대자연이, 지구가, 지금은 고통당하고 있습니다.

지구의 모든 것을 착취하고 있는 인류는 기후 위기라는 초유의 사태에 책임감을 느껴야 합니다. 아는 데서 그치지 않고 실천해야 합니다. 우리는 지구의 품을 떠나서는 갈 곳이 없어요. 시간을 되돌릴 수는 없지만, 지구를 위해 할 수 있는 일은 아직 남아 있습니다. 우리가 아직 살아 있는 한, 아름다운 변화는 가능합니다. 그 변화에 대해 함께 생각해 보겠습니다.

인류는 많은 것을 소유하고 있지요. 도시의 사람들은 더욱 많은 것을 갖고 있습니다. 우리 눈에 보이는 다양한 형태의 문명은 어느 것 하나 자연에서 오지 않은 것이 없습니다. 그것이 어떤 첨단의 모습을 하고 있어도 우주가 만들어 낸 원소에서 온 것이에요. 언젠가는 우리가 소유했던 모든 것들이 우주의 원소로 돌아갑니다. 우리 삶 또한 마찬가지예요. 영원히 가질 수 있는 것은 없습니다.

갖고 싶은 것을 가졌을 때의 만족감은, 삶의 크고 작은 기쁨입니다. 이 기쁨에는 암묵적인 책임이 뒤따라요. 소유는 곧 책임입니다. 내가 책임질 수 없다면 내 것이라고 말할 수도 없어요. 그러므로 많은 것을 가졌다는 것은 많은 책임을 져야 한다는 뜻입니다.

그에 비해 우리는 어떻게든 책임은 회피하고 싶어 해요. 좋은 것은 갖고 싶지만, 싫은 것은 피하고 싶은 마음이에요. 지구에 대한 인류의 자세가 이러했기 때문에 결국 많은 문제가 일어나고 있잖아요? 달리 보자면, 많은 것을 가졌기 때문에 실천의 가능성도 그만큼 많을 수 있어요.

첫째, 우리는 꼭 필요한 곳에 소비하는 현명한 소비자가 될 수 있습니다. 세상에는 부자가 되고 싶어 하는 사람들이 많아서 늘 새로운 것들을 만들어 냅니다. 그것이 음식이든 의류든 가전제품이나 자동차든 인간의 소비 욕구를 자극합니다. 더 멋진 것을 가지라고 유혹해요. 그래야 더 멋진 사람이 될 수 있다고 착각하게 합니다. 그래서 어떻게 해서든 남들이 보기에 부끄럽지 않을 정도로 소유해요.

소위 선진국이라고 하는 부자 나라에서는 끊임없이 새것을 만들어 내요. 반드시 필요한 것도 있지만 대부분은 지나치게 많이 생산을 해요. 그것들이 세상에 골고루 제대로 쓰인다면 문제가 없어요. 빛도 못 보고 땅속 폐기물로 버려지는 경우가 많은 것이 큰 문제입니다. 우리는 이걸 꼭 기억해야 해요. 소비자가 원하면 생산자는 거기에 발맞추게 되어 있어요. 소비자가 원치 않는 것을 만들어 내는 어리석은 생산자는 없답니다. 그러니 우리의 소비 욕구가 과도한 생산을 부추기지는 않았는지 잘 생각해 보아야 합니다.

또한, 소유한 것으로 사람을 판단하는 이웃이 있다면 그렇게 멋진 이웃이 아니니 신경 쓰지 않는 게 좋아요. 우리가 자신을 부끄럽게 여기지 않는다면 문제 될 건 하나도 없답니다. 생각이 달라지면 우리는 한순간에 부자도 될 수 있고 비참한 삶으로 전락할 수도 있어요. 우리의 마음가짐이 문제를 만들기도 해결하기도 합니다. 잘 보면 더 갖지 않아도 우리는 부족함 없이 살 수 있습니다. 우리를 가난하게 만드는 것은 외부 조건이 아니라, 우리 자신의 생각이라는 것을 잊지 않았으

면 좋겠어요.

둘째, 소비를 해야 한다면 정당한 방식으로 얻은 것인지 따져보는 것도 필요합니다. 옛날 같으면 밥상 물리고 숭늉 한 사발 마시던 한국인의 문화도, 지금은 너도나도 테이크아웃 커피를 손에 들고 거리를 활보합니다. 우리가 즐겁게 마시는 커피 한 잔에도 먼 나라 사람들의 피땀이 들어 있어요. 많은 사람이 커피를 찾으니, 가난한 나라에서는 어린이들까지 커피 생산을 위해 힘든 노동 현장에 투입되어야 했지요. 게다가 값싼 임금을 받고 일하고 있어요. 아무리 열심히 일해도 그들은 부자가 될 수 없는 구조입니다.

커피 외에도 매년 밸런타인데이에는 초콜릿을 주는 풍습도 있잖아요. 초콜릿의 원료인 카카오 열매를 따는 것도 어린이들의 몫이었답니다. 우리가 행복해하며 먹는 초콜릿의 이면에는, 학교도 가지 못하고 하루 14시간 가까이 일만 하는 어린이들의 고통이 담겨 있어요. 어린이의 노동력을 착취하는 것을 반대하며, 농가에는 적정한 수익을 돌려주자는 이른바 '착한 소비'를 지향하는 방식이 있습니다. 공정 무역fair trade이라고 합니다. 정당한 대가를 지불하고 거래하기 때문에 생산자와 소비자 모두가 행복해지는 평등한 방식입니다. 요즘은 소비자 생활 협동조합 등에서 공정 무역 상품을 적극적으로 알

미래 세대를 위한 채식과 동물권 이야기

리고 있어요. 소비자가 조금만 관심을 둔다면 제품이 정당한 생산 과정을 통해서 만들어진 것인지 아닌지 파악하는 건 어렵지 않습니다.

셋째, 우리에게 온 모든 것을 소중하게 여겼으면 좋겠어요. 한 번 쓰고 버리는 것들에 대한 고민이 필요한 시점입니다. 휴지 대신 손수건을 쓴다면 무분별하게 나무가 베어지는 것도 막을 수 있습니다. 반드시 써야 한다면 아껴 쓰는 습관도 필요합니다. 식당이나 공용 공간에 놓여 있는 종이 티슈라고 해서 마음껏 써도 된다는 생각도 버려야 합니다. 내 것보다 남의 것을 더 소중하게 여기는 자세가 필요해요. 이제 우리는 '나'만 생각하는 사람이 아니라 '지구' 전체를 생각하는 사람이 되어야 하니까요.

또한, 일회용이라고 이름 붙이지 않는다면 훨씬 가치 있는 물건으로 보이기 시작할 거예요. 일회용이니 당연히 한 번 쓰고 버려야 하는 것처럼 인식했나요? 일회용이라고 부르지 않는다면 여러 차례 쓰는 물건으로 보이기 시작할 거예요. 일회용으로 불리지만 유리병, 플라스틱 그릇, 숟가락 등은 너무도 튼튼하게 잘 만들어진 게 많아요. 잘 씻어 두면 꼭 필요한 때가 있습니다. 누군가와 음식을 나누거나 가볍게 포장해서 다닐 때 쓸 수도 있어요. 오래도록 재사용하면 더욱 좋겠지만 최소한 한두 번이라도 더 사용할 수 있습니다. 이런 습관은 그 물건을 더 가치 있게도 만들지만, 나 자신도 가치 있는 사람으로 성장하게 해 주어요.

재활용함에 넣기 전에 우리 생활에서 먼저 재사용을 할 수 있는지 생각해 보는 것도 좋겠습니다. 플라스틱이 재활용되어 다른 제품으로 재탄생하는 것도 괜찮지만, 그 모든 과정을 생략한다면 훨씬 더 많은 에너지를 아낄 수 있어요. 쓰레기를 만들지 않는 습관이 중요합니다. 동시에 제로 웨이스트^{zero waste} 운동에 동참하는 멋진 활동가가 되는 거예요. 제로 웨이스트라는 어려운 말조차 필요하지 않은 깨끗한 세상이 될 수 있습니다.

건강한 지구를 만들기 위해 인류가 할 수 있는 일은 아주 많아요. 당장 우리가 아마존 숲에 가서 불을 지르지 말라고 시위를 할 수는 없습니다. 칠레 사막에 버려진 옷들을 수거해 올 수 있는 것도 아니에요. 그러나 인류의 잘못된 선택을 멈추게 할 수는 있습니다. 바로 각자의 영역에서 현명한 소비자가 되는 거예요. 세상은 우리가 원하는 것들을 만들어요. 우리가 원한다면 더 많이 만들 것이고, 원하지 않는다면 세상에서 사라져 갈 거예요. 이제 무엇을 원하는 소비자가 될 것인지 잘 결정해야 합니다. 그것만이 세상을 바꾸는 유일한 방법이에요.

미래 세대를 위한 채식과 동물권 이야기

2   생명이 생명답게 살 수 있도록

생명을 소중하게 다뤄야 한다는 얘기를 우리는 늘 듣고 있어요. 개와 고양이는 이제 우리의 소중한 반려동물로 불리고 있습니다. 사람과 같은 방, 같은 침대를 쓰기도 해요. 많은 사람이 반려동물을 사랑하고 그들을 통해 사랑을 배웁니다. 햄스터, 토끼, 앵무새도 사람들의 보살핌 속에 살아갑니다.

그러나 우리는 사랑하는 동물과 아닌 동물을 엄격하게 구분하고 있어요. 사랑스러운 동물은 안고 뽀뽀하면서 농장이라는 감옥에 사는 동물은 그럴 대상이 아니라고 여깁니다. 소와 돼지, 닭은 고기에 지나지 않고, 돌고래는 우리가 보러 갈 수 있는 곳에 갇혀야 하고, 여우와 밍크는 우리의 옷을 위해 존재하는 동물로 여깁니다.

동물을 이용하는 잔인한 방식을 이제 멈출 때입니다. 생태계에 개입해 동물의 종류와 수를 우리가 원하는 대로만 조절하던 방식을 그만두어야 해요. 소, 돼지, 닭, 여우, 밍크, 양과

거위를 그들의 자연으로 돌려보내야 합니다. 동물을 위해서이기도 하지만 인류를 위하는 길이기도 해요. 지구를 위한 선택이지요. 나만을 위한 선택을 내려놓았을 때 우리는 훨씬 더큰 것을 얻습니다. 당장 내 것을 포기한다면 모든 것을 잃을 것같지만 그렇지 않아요. 나누면 기쁨이 되고 더 많은 것들을 함께 나누는 세상이 됩니다.

그동안 동물에게 받은 게 너무 많은데 모두 포기할 수 있을까요? 인류가 하루아침에 축산 시설의 동물을 다 풀어 주기는어려울 거예요. 숲도 다 밀어 버려서 그 많은 동물이 한꺼번에갈 곳도 없어요. 이 논리로 동물을 계속 감옥 같은 축산 시설에가둔다면 지구의 위기는 더욱 가속화됩니다. 생명을 존중하면서 온실가스도 줄일 방법을 우리는 충분히 알고 있어요. 원인과 해결 방법을 알면서 이러지도 저러지도 못하고 있는 건현명한 인류답지 못합니다. 이제라도 더는 축산 시설의 동물을 늘리지 말아야 합니다. 동물이 있어야 할 자연에서 평화롭게 풀을 뜯도록 해 주어야 합니다.

축산 시설의 동물이 더는 인간의 손에 착취당하지 않게 되면, 일부러 동물 사료를 만들 일도 없어집니다. 곡물을 경작할땅도 더는 늘릴 일이 없게 됩니다. 가난한 나라의 사람들은 더이상 굶어 죽지 않을까 걱정하지 않아도 돼요. 곡물 생산량과 음식물이 세상 사람이 모두 먹고도 남을 만큼 충분한 걸 알았잖아요. 80억 모두에게 골고루 돌아갈 수 있습니다. 먼 나라에서 뼈만 앙상한 채 죽어 가는 어린이도 이제 배고프지 않을 수 있어요. 이웃집도 아닌데 그걸 어떻게 나눌지가 걱정인가요? 이제는 우주도 마음대로 날아다니는 세상이니, 지구 행성에서 음식 하나 나누지 못할 이유는 전혀 없습니다.

그러면 지구의 숲을 없애는 일도 멈추겠네요. 야생 동물 밀렵과 불법 거래로 고통받던 동물에게도 다시 돌아갈 숲이 생기는 겁니다. 숲이 살아나면 지구는 정화 작용으로 한층 깨끗해질 거예요. 미세먼지 때문에 고통받지 않아도 돼요. 세상이 오염되었다고 집마다 정수기를 설치하고 플라스틱에 든 생수를 돈 주고 사 마셔야 했지만, 그런 것도 다 필요하지 않게 됩니다. 이제야 동물들은 비로소 소중한 생명으로 살아갈 수 있겠어요.

동물이 살아 있는 동안만이라도 생명다운 생명으로서 살게 하는 시간을 제공해야 합니다. 동물들에게 특별히 더 잘해 주라는 요구가 아닙니다. 동물을 생명으로 여긴다면, 이는 선택이 아닌 필수입니다. 이를 동물 복지animal welfare라고 불러요. 옛날에는 이런 말이 없었어도 동물을 그렇게 여겼어요. 옛날 평화로웠던 지구에서는 더 잘나고 못난 생명체란 존재하지 않앉습니다. 서로의 도움이 절실했고 감사하게 여겼습니다. 그때로만 돌아가도 지구는 반드시 달라집니다.

인간도 먹고살기 힘든데 동물에게 신경 쓸 겨를이 어디 있느냐고 비난하는 사람도 있지만, 인간이 인간답게 살기 위해서는 더더욱 다른 생명과 더불어 사는 방식을 택해야 합니다. 이제 지구의 미래는 생명을 생명으로 보는 우리의 마음에 달려 있어요. 그것이 모든 걸 좌우한다고 해도 부족하지 않을 정도입니다.

지구를 위해 궁극적으로 이루어야 할 숙제는 의외로 간단한 데서 해결이 되었습니다. 동물을 생명으로 보는 시선이 얼마나 세상의 많은 부분을 변화시킬 수 있는지 보이나요? 자연을 착취하며 얻은 생산물에 마음을 두지 말고, 자연과 교감하는 삶을 꿈꾸어야 합니다.

3 즐거운 비거니즘

　인간의 필요에 따라 동물을 착취하는 방식을 멈추어야 한다는 운동은 세계적으로 거대한 문화를 형성하고 있습니다. 동물은 인류와 다를 바 없이 지구 환경에 맞게 진화한 생명체입니다. 그들을 인간의 마음대로 조종할 수는 없습니다. 누구도 그럴 권리를 인간에게 부여하지 않았습니다. 신이 우리 앞에 나타난다면 이제는 잔인한 역사를 멈추라고 할 거예요. 모든 종교에서 이미 그렇게 가르치고 있습니다.

　생명을 생명답게 살도록 하는 가장 간단한 방법은 바로 동물에게서 빼앗은 모든 것을 소비하지 않는 거예요. 언젠가는 도살할 동물을 살아 있는 동안만이라도 자유롭게 키우는 동물복지보다도 훨씬 적극적인 실천입니다. 다만 우리는 고기 맛에 길들었고 고기가 가장 맛있는 음식이라고 여깁니다. 학교 급식도 고기 없는 날이 없을 정도예요. 현실은 이렇지만 그래도 우리는 세상을 바꿀 수 있다는 가능성에 희망을 걸고 있잖아요? 그냥 이대로 다 같이 지구 멸망으로 가자고 포기한다면 이런 얘기도 전혀 필요가 없을 거예요.

비거니즘veganism은 세상을 바꾸려고 적극적인 실천을 합니다. 비거니즘은 비건vegan이라는 엄격하게 채식을 하는 것에서 시작돼요. 채식의 가치가 신념이 되어 세상을 바꾸려는 삶의 방향으로 이어집니다.

채식은 고기를 먹지 않는 것이지만, 단순히 식습관의 문제로만 생각하지 않아요. 고기가 맛없어서 먹지 않는 것도 아니지요. 맛있는 것을 원 없이 먹고 싶은 마음은 누구에게나 있습니다. 그러나 우리가 원하는 대로만 움직인다면 누군가는 반드시 피해를 보게 됩니다. 누군가는 생명을 잃기도 해요. 그것이 동물일 때는 괜찮다고 여겼던 것이 인류의 가장 큰 착오였습니다. 동물은 단순히 동물이 아니라 이 지구를 더불어 살아가는 아주 중요한 구성원입니다. 지구가 지금 이렇게 우리에게 말하고 있습니다.

동물에게 너무 잔혹한 방식이 연쇄적으로 이 세상을 망가뜨려 왔기 때문에 비거니즘은 동물을 착취함으로써 얻은 모든 것을 소비하지 않습니다. 고기를 먹지 않는 것은 물론이고 고기로 보이지 않더라도 동물에게서 빼앗아 온 것이라면 역시 먹지 않아요.

꿀이 좋은 예입니다. 우리가 먹는 꿀은 고기는 아니지만 벌들이 열심히 모은 것을 빼앗은 겁니다. 사람들 맛있게 먹으라고 꿀을 모으는 게 아닌데도요. 꿀은 벌들이 비축한 식량이에요. 꿀을 채취하고 유통하는 양봉업 과정에서 많은 벌이 죽기도 합니다. 좋은 꿀을 가져오는 대신 벌들에게는 설탕물을 주기도 합니다. 만약 벌들이 넘치도록 꿀을 모아서 바위와 나무에까지 꿀이 흐른다면 그걸 먹는 건 아무 문제가 안 돼요. 중요한 건 음식이 어떤 과정을 통해 우리 앞에 왔느냐입니다.

대부분의 과자에는 고기 성분이 들어갑니다. 전혀 고기처럼 보이지 않는데도 포장지 뒷면을 보면 성분 표시에 돼지고기, 닭고기, 소고기가 적혀 있어요. 설령 고기 성분이 빠지더라도 맛은 크게 달라지지 않을 것 같은데 고기가 들어갑니다. 그런데 고기를 안 먹는 사람이 많아지자 식품 업계는 비건 인증을 받아 열심히 마케팅합니다. 소비자가 세상의 판도를 서서히 뒤바꾸고 있는 거예요.

지구를 건강하게 하고 싶고 생명을 소중하게 여기고 싶은 마음은 진짜 굴뚝 같은데, 그래도 고기를 포기하는 걸 어려워하는 사람이 많습니다. 이들을 위해 다양한 채식 음식도 쏟아지고 있습니다. 고기보다 더 고기 같은 떡갈비, 너비아니, 제육볶음, 치킨, 어묵까지 나와 있어요. 유명한 햄버거 가게에서는 채식 버거 메뉴를 선보이기도 합니다. 모르고 먹었다면 그냥 고기인 줄 알았을 거라는 사람들의 반응이 많아요. 채식 라면도 아주 많이 나와 있습니다. 고기 맛 때문에 채식을 실천하기 어려웠던 사람에게는 새로운 세상이 열린 것과 같습니다. 맛있는 게 없어서 채식을 못 하겠다는 얘기는 전혀 통하지 않게 되었으니까요. 가공식품이 몸에 좋을 리는 없지만, 세상을 더욱 아름답게 바꾸는 길로 한 발짝 더 나아갈 수 있다는 데에는 매우 큰 의미가 있습니다. 공장식 축산 시설에서 온 고기, 동물에 대한 잔인함으로 얻은 것이 우리를 건강하게 해 줄 리는 더더욱 없으니까요.

비거니즘은 더불어 사는 삶에 가치를 둡니다. 동물성 식품 외에도 동물의 털, 가죽으로 만든 제품도 소비하지 않아요. 이 또한 평화롭게 살다 죽은 동물에게서 얻은 게 아니기 때문입니다. 동물의 가죽은 고기를 먹고 남은 부산물이 아니에요. 툰드라 유목민이 삶의 전부인 순록과 함께 하는 것과는 전혀 다릅니다. 생존의 문제가 걸린 육식, 고기를 얻고 남은 가죽, 뼈까지 하나도 버리지 않고 소중히 이용한다면 그걸 누가 비판할 수 있을까요? 그러나 우리 사회는 고급 가죽을 얻으려고 동물의 고통에는 아랑곳하지 않았어요. 이 세상은 동물의 털과 가죽이 아니어도 훌륭한 옷과 신발이 넘치고 있잖아요. 선택

미래 세대를 위한 채식과 동물권 이야기

은 어렵지 않습니다. 동물의 죽음을 소비하지 않는 것이 생명의 고통을 외면하지 않는 적극적인 표현입니다.

동물을 착취하는 방식은 이뿐만이 아니었어요. 화장품을 만드는 데에도 동물성 원료가 들어가거나 동물 실험을 진행합니다. 그래서 비거니즘은 화장품이나 목욕용품, 세제 등을 선택할 때도 동물 착취를 하지 않은 비건 용품을 선택해요. 우리나라에도 비건 인증원이 있고 영국의 비건 협회에서도 인증 마크를 부여합니다. 생산자들은 포장지에 마크를 표시하여 소비자들이 쉽게 비건 제품을 구분할 수 있게 해 줍니다.

낚시와 사냥 등도 취미라는 이름으로 불리지만 동물 착취의 단면이라고 봅니다. 그래서 비거니즘에서는 허용하지 않습니다. 반드시 먹고살아야 하는 상황이 아닌데도 나의 즐거움을 위해 동물을 죽인다는 것은 있을 수 없는 일이라고 보는 거지요. 관습적으로 받아들인 문화나 전통이라고 하더라도 그것이 항상 정당한 것이라고 말할 수는 없습니다. 분별력을 갖게 되었다면 과감히 버리고 바꿀 수 있어야 해요.

비거니즘은 동물 문제에서 시작해 전 지구적인 문제에도 두루 관심을 둡니다. 환경 파괴와 기후 변화는 우리가 체감하고 있는 지구의 위기입니다. 따라서 생활 속의 작은 실천을 통해 지구 환경을 건강하게 만드는 데에도 적극적이에요.

플라스틱 쓰레기 문제는 일회용품 사용을 자제하는 것으로도 크게 개선할 수 있습니다. 플라스틱 포장이 과한 상품을 소비하지 않는 것으로 우리의 요구를 생산자에게 보여 줄 수 있습니다. 한두 명일 때는 미약할 수 있어도 사회 전반적으로 그런 분위기가 만들어지면 생산자도 바뀌지 않고는 살아남을 수 없습니다. 플라스틱 문제는 사용을 줄이는 것이 가장 첫 번째여야 합니다. 사용할 수밖에 없다면 재사용하고, 재활용해야 합니다.

식당에서 음식을 포장해야 한다면 배달보다는 개인 용기를 준비해 가는 것도 좋습니다. 음식 담는 그릇을 직접 들고 간다면 무척 번거로운 일일 수 있습니다. 그러나 식당에서도 플라스틱 용기를 쓰지 않아도 되어 반갑게 맞아 줄 거예요. 한 번 쓰고 버려지는 너무 많은 플라스틱 용기가 아깝기도 하지만, 지구에 해가 되는 일을 하는 것 같아 내심 마음이 불편했다고 말하는 사장님도 아주 많아졌답니다. 개인 그릇 하나 준비하는 것을 번거롭게만 여기지 마세요. 생각해 보면 그 맛있는 요리를 뚝딱 만들어 주는 사람이 있다는 것만으로도 우리는 시간을 선물받잖아요.

카페에서는 일회용 컵 문제가 시급한 해결 과제입니다. 컵 반환 보증금 제도 시행이 지지부진합니다. 컵을 사용하고 반환하면 보증금을 돌려주는 제도인데, 업체에서는 하지 않았던 일이 생기니 번거롭다고 합니다. 일회용 컵에 담아 주면 설거지할 필요도 없어 좋다는 거예요. 당연히 일은 줄겠지만 그 피해는 누가 겪고 있나요? 플라스틱 컵은 몇백 년씩 썩지도 않고 지구에 남아 바다에 둥둥 떠다니고, 그게 모두 미세 플라스틱으로 쪼개져 다시 우리가 마셔야 하잖아요. 조만간 바다는 물 반 플라스틱 반이 될지도 모릅니다. 이 과정을 모른다고 해서 피해갈 수 있는 문제가 아닙니다. 한 번 쓰고 버리는 일회용 컵은 어떤 과정을 거쳐서든 다시 우리 입으로 들어옵니다.

습관을 처음 만들 때는 결코 쉽지 않아요. 그러다가 정말 습관이 되면 어려울 것도 전혀 없습니다. 한 번 쓰고 버렸다가 너도 나도 지구도 모두 아플 것인지, 나만의 소중한 컵을 들고 다니며 세상을 구할 것인지, 선택은 우리의 손에 달려 있습니다.

4 음식 문맹 탈출하기

로컬 푸드local food란 가까운 지역에서 생산되는 식품을 뜻합니다. 반경 50킬로미터 이내 우리가 살고 있는 곳, 이웃 마을에서 생산됩니다. 로컬 푸드 운동은 가까운 지역에서 생산된 식품을 소비하자는 운동이에요. 굳이 이렇게 생산자와 소비자의 거리를 가깝게 하려는 이유는 무엇일까요?

우리가 많이 먹는 오렌지는 멀리 미국 캘리포니아에서 날아와요. 비행기나 배를 타고 먼 우리나라까지 오면서 오렌지는 어떤 일들을 겪을까요? 이동하는 동안 썩지 않고 신선해야 하므로 약품 처리가 많아져요. 시원하게 보관하려고 냉장 시설은 필수죠. 약품 처리가 많은 음식이 우리 몸에 좋을 리는 없습니다. 껍질을 벗겨 낸다고 괜찮은 게 아니에요. 이런 음식을 먹으면 조금씩 우리 몸에도 독성이 쌓여 갑니다.

오는 동안 화석 연료도 많이 써야 하니까 온실가스 배출도 많아집니다. 오렌지뿐만 아니라 전 세계로 이동하는 거리가 멀어질수록 온실가스는 지구에 더 많이 쌓이게 됩니다. 옛날에는 교통수단이 발달하지 않아서 멀리 이동할 수가 없었지요. 자연스럽게 로컬 푸드를 이용할 수밖에 없었습니다. 로컬 푸드라는 말조차 없었습니다. 세상이 편리해진 것은 맞지만 그만큼 치러야 할 대가는 지구에 쌓이고 있어요. 지역 사회에서 생산된 것을 가까운 곳에서 나누기만 한다면 이런 문제는 일시에 해결됩니다.

그래서 지구를 걱정하는 사람들은 식품을 섭취할 때도 가까운 지역에서 생산된 것인지를 따집니다. 냉장 시설도 필요 없고, 비행기와 배를 움직이는 연료도 전혀 필요 없어요. 약품 처리도 당연히 필요 없습니다. 식품을 이동시키는 거리가 짧아 더 신선합니다. 유통 과정도 복잡하지 않아서 지역 농민들도 일한 만큼 정당한 대가를 받을 수 있습니다. 작은 범위의 공정 거래라고 할 수 있어요. 단순히 지역 농산물을 구입했을 뿐인데 아주 많은 부분에서 에너지가 절약됩니다. 우리에게 더 건강한 식품인 것은 말할 것도 없고 결과적으로는 지구에도 큰 도움이 됩니다.

생산부터 소비까지 얼마나 많은 이산화탄소를 만들어 내는지를 일컫는 '탄소 발자국'이라는 개념이 있습니다. 먼 곳에서 시작된 발자국일수록 하늘과 땅과 바다에 흔적을 남기고 옵니다. 우리 지구는 곳곳이 탄소 발자국으로 얼룩집니다. 우리는 그저 음식을 먹기만 할 뿐인데 보이지 않는 탄소 발자국은 지구를 시커멓게 만들고 있었어요. 수입 식품에 의존한다면 탄소 발자국은 지속해서 늘어나게 됩니다. 오렌지, 망고, 바나나는 모두 우리가 좋아하는 과일들이지만 어쩔 수 없이 탄소 발자국을 많이 남깁니다.

지구 온난화로 아열대에서 재배하던 망고와 바나나가 우리나라에서도 자랄 수 있게 되었습니다. 그렇다고 반가운 일만은 아닙니다. 자연 재배가 힘들어서 유리 온실이나 비닐하우스의 힘을 빌립니다. 난방 비용으로 지출하는 돈도 농민들에게는 큰 부담이에요. 그래도 사람들이 많이 찾으니 하우스 농사를 그만두기가 힘듭니다. 봄이 제철인 딸기도 한겨울에 비닐하우스에서 키웁니다. 과일의 제철이 언제인지 모르는 사람이 너무나 많아졌습니다. 우리는 이렇게 온실가스를 계속 늘려 왔어요. 지구에 선한 영향력을 행사하고 싶다면 플라스틱과 쓰레기 문제, 음식 소비까지 생각하지 않을 수가 없습니다. 그래서 가급적 '탄소 발자국이 적은 지역에서 생산된 음식'을 선택하는 것과 동시에 '제철 음식'을 소비하는 것이 가장 이상적이라고 할 수 있습니다.

제철 음식은 계절의 흐름에 맞게 생산된 것을 말합니다. 달

미래 세대를 위한 채식과 동물권 이야기

래와 냉이, 쑥 등은 봄철에 나오는 것이 자연스럽고 수박과 참외는 여름 과일입니다. 사과와 배는 가을 이후에 나오고 시금치는 겨울 땅에서 찬바람과 눈을 맞고 자라면 더욱 맛있는 반찬이 됩니다. 자연의 흐름에 맞게 자란 음식이 맛도 영양도 훨씬 더 풍부하다는 것은 당연한 이치입니다.

인류는 정작 문명의 발전 외에는 아무것도 신경 쓰지 못하고 있습니다. 한 끼 음식의 선택에도 이렇게 많은 문제가 따를 수 있습니다. 문제를 일으킨 인류는 이제 책임지려는 마음을 가져야 합니다. 깨어난 인류에게 요구되는 자세입니다.

매일 먹고 마시는 음식에 대해 몰라도 너무 모르는 '음식 문맹'에서 우리는 탈출해야 합니다. 글을 읽거나 쓰지 못하는 것을 문맹이라고 하듯이, 음식에 대해 모르는 사람이 세상에는 너무나 많았습니다. 내가 오늘 먹은 음식은 어디에서 왔는지, 어떤 환경이었는지, 어떻게 오게 되었는지, 음식을 먹으면서도 우리는 이런 고민을 해 본 적이 없었어요. 패스트푸드는 엄청난 탄소 발자국을 남기는 음식입니다. 그런데 우린 이걸 잘 몰라요.

지구를 걱정하는 사람들은 많은 것을 빨리빨리 해내는 능력을 중요하게 생각하지 않습니다. 빠른 변화는 정신없이 우리를 소멸로 몰아넣을 뿐, 결코 우리를 이롭게 하지 않는다는 것을 알거든요. 그래서 인간으로서 누릴 수 있는 삶의 질을 우선합니다. 시간이 더 걸리더라도 건강한 과정으로 우리 앞에 온 것을 반깁니다. 그런 면에서 패스트푸드보다는 슬로푸드 slow food를 선호합니다. 우리의 자연에서 충분한 물, 바람, 햇볕을 쬐며 자란 음식이 우리를 진실로 풍요롭게 하기 때문입니다.

5   기후 정의와 탈성장

산업화는 모두에게 물질적 삶을 추구하도록 세상을 바꾸어 놓았습니다. 물질적 풍요만이 인간의 최대 가치인 것처럼 느꼈지만, 알고 보니 건강하고 아름다운 삶으로부터 더욱 멀어지고 있다는 것을 깨달았어요. 또한, 인류의 힘으로는 무엇이든 이룰 것 같았는데, 지구 말고는 아무 데도 우리를 반겨 주는 곳이 없다는 것도 알았습니다. 지구만큼 아름답고 생명에 적합한 땅은 태양계 안에는 없습니다. 달과 화성에서 물을 찾을 것이 아니라 지구의 물 한 방울에 더 관심을 기울일 때입니다.

신문과 방송에서도 기후 위기를 말하지만 정작 실천 방안을 내놓지는 않습니다. 마치 이 모든 것은 사람들 잘못이 아닌 자연 재앙인 것처럼 안타까워합니다. 기후 위기는 우리와 상관없이 벌어지고 있는 자연 현상이 아니에요. 모두의 책임감 있는 노력을 요구합니다. 인류만이 독보적인 존재라고 여기는 관점이 어떤 비극을 초래하고 있는지 이제라도 잘 알게 되었잖아요. 문제 해결은 원인을 제대로 파악하는 데에 있습니다. 원인을 알면 그다음부터는 어렵지 않아요. 원인만 제거하면 되니까요.

인류가 동물을 대하는 방식이 너무 잔인하고, 더 많은 동물을 사육하기 위해 숲까지 망가뜨린 것이 지금의 기후 위기를 부추기고 있다는 것을 알았습니다. 그래서 육식 위주의 식습관을 바꾸자고 말하는 것입니다.

우리 몸에 익숙한 것들이 오히려 우리를 건강으로부터 멀어지게 하고 있으니, 지금이라도 우리는 건강한 세상으로 나아가야 합니다. 에너지를 아끼려면 에어컨도 꺼야 하는데, 우리는 에어컨 없이 여름을 견딜 수 없게 되었습니다. 그런데 여름이 덥고 겨울이 추운 것은 당연합니다. 더운 여름에는 툇마루에 앉아 뒷마당 대나무 숲에서 불어오는 바람을 느끼며 낮잠을 자던 세상이었습니다. 그보다 더 시원할 수는 없었습니다. 마을 느티나무 그늘에서는 모두 모여 수박을 먹었어요. 빨간 수박물을 뚝뚝 흘리며 모두 즐겁고 행복해했습니다.

그런 여름을 없애고 대신 에어컨 없으면 안 되는 여름을 만들었어요. 푹푹 찌는 더위가 마치 태양의 잘못인 것처럼 얼굴을 찡그립니다. 에어컨의 열기가 세상을 더 뜨겁게 하는데도 그럴수록 더 빵빵하게 온도를 조절합니다. 우리가 나아가야

미래 세대를 위한 채식과 동물권 이야기

할 방향은 첨단을 달리는 디지털 세상이 아니에요. 시설 좋은 건물에 들어가 여름과 겨울을 피할 것이 아닙니다. 여름과 겨울 속으로 직접 들어가 함께 하는 시간이 필요합니다. 시원한 개울에 발을 담그고 눈 내리는 풍경 속으로 여행을 떠나는 것이 특별한 날에만 가능한 것이 아니에요. 사람에게도 야생 동물에게도 그것은 자연스러운 일상이어야 합니다. 그런 일상에서 비로소 지구의 안전한 품을 느낄 수 있을 거예요.

우리가 할 수 있는 일은 수도 없이 많아요. 생각과 행동을 바꾸면 삭막한 미래 대신 평화로운 세계가 열립니다. 에어컨 대신 부채질을 한다면 당장은 좀 불편할 것 같지만, 습관대로 당장만 생각하면 아무것도 바꿀 수 없어요. 우리는 이제 더 멀리 보는 눈을 가졌잖아요. 멀리 보려면 높이 날아야 합니다.

쉼 없이 달려온 인류 때문에 자연의 시간까지 모두 바뀌어 버렸습니다. 계절을 달리해 피어나던 생명들은 질서 없이 우후죽순으로 인간의 선택으로만 태어나고 죽기를 반복해야 했습니다. 우리 마음대로 세상을 움직여 보겠다는 욕심만 내려놓는다면 자연은 그래도 질서를 찾아갈 것입니다. 그것이야말로 자연의 진짜 힘이니까요. 꽃들은 적절한 때에 피어나고 동물은 원하는 곳에서 살아갈 거예요. 이렇게 회복해가는 지구의 봄·여름·가을·겨울은 얼마나 아름다울까요? 동화책의 옛

날이야기에만 있지 않고 우리의 가능한 미래입니다.

기후 정의와 탈성장은 우리에게 무척 낯설고 어려운 말입니다. 기후 위기에 대응하는 정의로운 행동 그리고 경제 성장을 멈추는 것, 이 무거운 주제를 우리가 어떻게 해결해 나갈 것인가 막막하기도 합니다. 그러나 이 시대를 사는 모든 인류에게 가장 강력히 요구되는 주제이기도 합니다. 소위 부자 나라에서 더 많은 것들을 가지려고 지구의 문제를 외면하고 있지만, 이들에게만 책임을 물을 것이 아닙니다. 그들만 비난하고 있는 것도 옳지 않아요. 누군가에게 책임을 따질 시간조차도 없습니다. 모두의 책임입니다. 우리가 먼저 바뀌면 됩니다. 세상이 바뀌어야 한다고 얘기하면서 정작 본인은 변할 생각이 하나도 없다면 결코 아무것도 달라지지 않습니다.

유럽 연합EU에서는 숲을 지키기 위한 새로운 법을 제정했습니다. 이제 숲을 없애고 만들어진 상품의 수입과 판매를 금지하기로 했어요. 세계 최초의 결정입니다. 이제 기업들도 유럽 연합에 물건을 팔려면 숲을 해치지 않았다는 것을 증명해야 해요. 우리나라를 포함한 세계의 많은 사람이 소비했던 공장식 축산업의 소고기, 가죽, 라면이나 과자를 튀기는 데 쓰이는 팜유, 커피, 초콜릿을 지금의 방식으로는 유통할 수 없게 된 거예요. 사람들의 흔한 일상이 얼마나 많은 숲을 파괴하고 있는지 깨달은 유럽 연합의 소비자들이 강력히 요구한 결과입니다. 기업이 자연과 숲을 파괴하도록 부추길 수 있는 것도 우리이고, 멈추게 하는 힘도 우리에게 있습니다.

끝없는 성장이란 없습니다. 성장과 번영을 꿈꿀수록 지구의 위기는 현실이 됩니다. 더 많이 갖는 세상, 배부르고 풍족한 문명이 달콤하지만은 않습니다. 꽃이 무한대로 피기만 할 수 있을까요? 그러면 더 아름다울까요? 꽃이 져야 열매가 만들어집니다. 열매가 땅에 떨어져야 더 건강하고 많은 생명으로 태어납니다. 기후 위기를 멈추게 하는 실천, 생태계를 안정시키는 것, 다 같이 평화로운 세상을 만드는 노력은 우리가 소비하며 지내는 하루하루에 달려 있습니다.

미래 세대를 위한 채식과 동물권 이야기

미래 세대를 위한
채식과 동물권 이야기

제1판 제1쇄 발행일 2023년 10월 14일

글 _ 이유미
그림 _ 장고딕
기획 _ 책도둑(박정훈, 박정식, 김민호)
디자인 _ 채홍디자인
펴낸이 _ 김은지
펴낸곳 _ 철수와영희
등록번호 _ 제319-2005-42호
주소 _ 서울시 마포구 월드컵로 65, 302호(망원동, 양경회관)
전화 _ 02) 332-0815
팩스 _ 02) 6003-1958
전자우편 _ chulsu815@hanmail.net

ISBN 979-11-88215-99-7 43190

철수와영희 출판사는 '어린이' 철수와 영희, '어른' 철수와 영희에게
도움 되는 책을 펴내기 위해 노력합니다.